新潮新書

ka

和の巨人軍

865

新潮社

はじめに

1位松井秀喜：311回／2位長嶋茂雄：231回／3位イチロー：207回／4位巨人：198回／5位松坂大輔：185回／6位貴乃花：171回／7位清原和博：170回／8位中田英寿：152回／9位原辰徳：138回／10位大谷翔平：126回

これは平成最後の1日、2019年4月30日付の「日刊スポーツ」で発表された平成31年間の一面登場回数ランキングである。松井秀喜と長嶋茂雄の国民栄誉賞コンビがワンツーフィニッシュ。さらに、巨人そのものも4位にランクインしている。

ゴジラとミスターのふたりが東京ドームのど真ん中に君臨していた90年代。Jリーグが開幕したサッカーや、若貴ブームの大相撲に押されプロ野球人気の危機と言われていたが、なんだかんだ言っても平成の日本では、まだジャイアンツは圧倒的な人気と話題性があった。つまり、あの頃の巨人軍は〝大衆のもの〟として消費されていたわけだ。

そのＹＧマークに死にたいくらいに憧れた清原和博は、一面登場回数で中田英寿を上回る７位、現監督で昭和のスター選手だった原辰徳も９位にいる。しかし、だ。松井が去った後のチームを背負った、阿部慎之助や坂本勇人はここにランクインしていない。

気が付けば、令和の巨人選手たちはメディアのトップニュースから消えつつある。数十年前は、松井や原をドラフトの抽選で引き当てた直後、駅前でスポーツ新聞の号外が配られるほど社会的な関心ごとだった。だが、今、「去年の巨人ドラフト１位を知っていますか？」なんてタクシー運転手との会話で盛り上がることはほとんどない。

さて、２０２０年の春はコロナ余波で開幕延期となり、人生で初めて「プロ野球が消えた日常」を過ごした。そんな中、テレビ東京で『池上彰×松井秀喜ｉｎキューバ』が放送されたが、番組内で池上氏がゴジラ松井に「将来的に巨人監督になる可能性」を尋ねるシーンがあった。

「まあ自分の状況が許せば……かもしれないですね。まだ先のことは全然考えてないですけど。ジャイアンツのことは今でもやっぱり好きですし、お世話になりましたし、応援していいます。それだけは間違いないです」

多くの巨人ファンにとって、今も背番号55は特別な意味を持つ。2002年に50本塁打と日本一を置きみやげに、海の向こうへ旅立ち、そのままアメリカでユニフォームを脱いだ。最後までWBCの日本代表とも縁がなく、イチローのように東京ドームでの派手な引退試合もなかった。頭の中のイメージは28歳の絶頂期の姿のまま止まっている。

いわば、松井秀喜は倦怠期のないまま、最も盛り上がった時期に別れた恋人のような存在だ。目指すべき夢は応援したい。でも今、行っちゃうのかよ……と。最強の時に、最高の思い出とともにいなくなってしまった。ヤンキースでも日本人選手初のワールドシリーズMVP獲得の勝負強さと、野球に対する真摯さでニューヨークに受け入れられ、リスペクトされている姿は誇らしくもあり、どこか寂しさもある。

そんな松井の凄さを、ここ数年あらためて実感している。長嶋茂雄も王貞治も、ファンと長い時間を共有しながら緩やかに衰え引退して、40歳前後で巨人監督に就任。ともに一度目の監督は追われるようにユニフォームを脱いだ。あのONでさえ、その去就は球団にイニシアチブを握られていた。だが、ニューヨーク在住で現ヤンキースGM特別アドバイザー松井の場合は、毎年のように噂されている巨人監督の座も本人の意志次第という雰囲気だ。

ヤンキースと巨人という日米名門球団の仕事をフラットに選べる。そういう立ち位置にいる野球人は、松井秀喜が初めてではないだろうか。ある意味、46歳のゴジラは昭和のONを超えているのかもしれない。

一昔前は、そういうスケールの巨人OBが出現するなんて想像できなかった。時の流れとともに野球界の状況や価値観も変わり続けている。もちろん、巨人の立ち位置そのものも激変した。だから、我々の野球観や巨人論も、令和に合わせてアップデートすることが求められるだろう。

これまで世の中の巨人関連の本は、V9時代の美しき記憶を元にした栄光の歴史を肯定するものか、アンチ目線からジャイアンツを揶揄し否定する両極端なものがほとんどだった。それに対して、本書は現役巨人ファンでありつつ、時に熱く時に冷静に、過去と現在から逃げずに各テーマを真正面から書いたつもりだ。未来は、その先にしかない。

果たして、「令和の巨人軍」は永久に不滅でいられるのだろうか——。

令和の巨人軍　目次

第二部　誰が令和の巨人軍を背負うのか　93

第一部　いつだって今のジャイアンツが面白い！

1．さらば昭和の読売巨人軍

「巨人の4番って、誰？」

「参加するのがジャイアンツ」

２０１９年11月３日付「スポーツニッポン」一面にそんな見出しが躍った。勘違いしないで欲しいが、秋の大運動会への参加とかそういうシーズンオフのほのぼのネタではなく、原辰徳監督のＦＡ（フリーエージェント）戦線への参戦宣言である。

「ＦＡしたら、やっぱり参加するのがジャイアンツ。そうしないとＦＡが駄目になる。ＦＡというのは選手にとって名誉なこと」

この記事を読みながら思った。

「ジャイアンツらしさ、巨人らしさってなんだろうか？」と。

1993年（平成5年）にFA制度が導入されて以降、落合博満から始まり、2018年オフの丸佳浩まで計26名が巨人へFA移籍してきた。この補強路線にはG党の間でも賛否が分かれる。2019年の5年ぶりVも丸や山口俊といったFA組の働きが大きかったし、FA込みで楽しむのが今のプロ野球というクールな肯定派の意見もあれば、たとえ優勝できなくとも生え抜きの若手を育ててほしいと願う〝若手原理主義〟のファンもいる。

プロ野球は政治じゃなく娯楽だ。そこで白黒をつける必要はないし、最終的には「ラーメンとパスタ、どっちが好き？」的な個人の好き嫌いの問題で正解はないだろう。

そして、そういう補強路線を敷く巨人を嫌う他球団ファンも当然多い。最近はあまり聞かなくなってきたが〝アンチ巨人〟と呼ばれる層である。当たり前のように巨人批判ネタを書き続ける「日刊ゲンダイ」や「夕刊フジ」といったタブロイド紙を含め、いまやプロ野球界にとってこのアンチ巨人の方々は貴重な顧客だと思う。なぜなら、2020年に関東近郊に住んでいると、日常生活でプロ野球が話題になることは本当に少ないから。

令和の世間は、もはや巨人を嫌ってさえくれないのである。あらゆるエンタメにおいて、称賛されたり非難されたりブーイングを浴びている内はまだ大丈夫だが、スルーされ始めたら危険信号だ。

自分が会社勤めをしている頃（２００４〜２０１４年）は、ポストシーズンの時期にまとまった有給休暇を申請していたが、その時期にクライマックスシリーズや日本シリーズがあることを知っている最低限の野球の知識を持つ人は社内にほんの数名だった。

「巨人の４番？　ゴジラ松井はもういないし、阿部？」

そんな反応が令和の世間のリアルだ。２０１９年限りで引退した阿部慎之助は、まだ毎晩地上波ナイター中継があった長嶋巨人のラストイヤー２００１年にプロデビューしている。テレビをつけたら、いつもナイターをやってる地上波テレビ中継の存在はやはり大きかった。現代はＢＳにＣＳ放送、スマホやタブレットの動画配信とそれぞれのライフスタイルに合った方法で観戦できるが、選択肢が増えるということは、同時に分かりやすい〝大衆性〟を失うということでもある。

「ジャイアンツ・アズ・ナンバーワン」の時代

振り返ると、2000年代初頭までは〝地上波プロ野球中継＝巨人戦〟というベタな図式が一般的だった。古くはＯＮ（王・長嶋）の時代からテレビＣＭも盛んで、原辰徳は明治製菓や大正製薬、江川卓は不二家、松井秀喜は富士通や久光製薬、高橋由伸がサントリーとそれぞれ大企業の顔としてお茶の間を席巻。1983年（昭和58年）巨人戦の年間平均視聴率は27・1パーセントと、今考えれば冗談のような数字を記録している。いわば、どんな有名芸能人よりも頻繁に、毎晩視聴率20パーセント超えのナイター中継とＣＭに登場していたのが巨人の主力選手たちだったわけだ。まだ海の向こうのメジャーリーグも他人事だった頃、結果的にそのメディア大量露出は日本全国に巨人ファンを増やすことになる。

西武ライオンズが所沢に来た1979年に埼玉に生まれた自分も、気が付けばＧ党で、熱烈な原ファンになっていた。まるで、『キン肉マン』や『ドラゴンボール』のコミックスを読むように、小遣いで「月刊ジャイアンツ」や「週刊ベースボール」を買っていたのをよく覚えている。あの頃、世の中の多くの人は巨人戦中継を入口に他の球団の選手を覚えていったのではないだろうか。子どもたちは社会常識の一環として「松本、篠塚、クロマティ、原、吉村、中畑……」なんて巨人のスタメンを言えたものだ。街中でYGマークの帽子をかぶった子どもたちがそこら中を走り回るのが日常の風景だった。

1980年代中盤のパ・リーグでプレーしたある外国人選手は日本で印象に残っていることを聞かれ、「どこでも巨人ファンがいること。タクシーの運転手、レストランも巨人ファンばかり。巨人が勝てば日本全体が幸せという感じだった。あれは面白かった」とコメントしている（「ベースボールマガジン」2011年9月号）。

そんな、大量のファンとアンチを生んだ「ジャイアンツ・アズ・ナンバーワン」時代。しかし、2005年あたりから徐々に巨人戦の平均視聴率が2桁を切るようになり、各テレビ局も中継数を減らしていく。つまり、テレビをつけたら老若男女いつでも巨人を見られるという状況が終わったわけだ。

興味深いデータがある。おもちゃメーカーのバンダイが小中学生を対象に実施した「好きなスポーツ選手」アンケートの2019年版である。

・1位　大谷翔平（野球）：9・3パーセント

・2位　羽生結弦（フィギュアスケート）：7・0パーセント
・3位　大坂なおみ（テニス）：6・7パーセント
・4位　錦織圭（テニス）：5・2パーセント
・5位　浅田真央（フィギュアスケート）：5・0パーセント
・6位　八村塁（バスケットボール）：4・3パーセント
・7位　池江璃花子（水泳）：4・2パーセント
・8位　サニブラウン・ハキーム（陸上）：3・3パーセント
・9位　久保建英（サッカー）：3・1パーセント
・10位　本田圭佑（サッカー）2・7パーセント

彼ら彼女らに共通しているのは「世界と戦う」というキーワードだ。野球選手で唯一ランクインしている1位の大谷はメジャーリーガー（日本ハム時代は2017年5位が最高位）だし、2019年の全豪オープンテニスで日本人初優勝を飾った大坂なおみやNBA（ナショナル・バスケットボール・アソシエーション）で活躍する八村塁にしても舞台は〝世界〟である。

そうなると、日本国内でストーリーが完結するプロ野球選手は厳しい。NPB（日本野球機構）からも、巨人からも誰ひとりとして子どもたちの好きなスポーツ選手にランクインしていない。令和初の日本シリーズは注目度も視聴率も世界と戦うラグビーW杯に完敗した。近年NPB各球場の観客動員数は過去最高クラスの数字を記録しているにもかかわらず、だ。

世間と球場の乖離。カープ人気で沸く広島のような一部の地域を除いて、20世紀の異常なジャイアンツバブルが終わったプロ野球は、徐々にコアでマニアックな娯楽になりつつある。それはノスタルジーではなく、ニッポンのリアルだ。

サブカルチャー化する巨人軍

例えば、昭和の原辰徳のポップフライはメインカルチャーだったが、近年の村田修一の芸術的ゲッツーはサブカルチャーである。日本全国のお茶の間でワリカンしていたテレビ画面の向こう側のポップフライと、スマホの中で見るゲッツー。サラリーマンのおじさんが仕事から帰ってきて、テレビをつけて「なんだよ、また原はポップフライか」

なんつってディスりながら、ビールを飲む風景はベタだけど圧倒的な大衆性があったのは確かだ。やはり月額2000円前後払って動画配信を契約して野球を見るのは、なかなかハードルが高い。

その昔、田舎のお爺ちゃんや渋谷のおネエちゃんでもゴジラ松井の存在は知っていただろう。けど、2018年シーズンに史上最年少で3割30本100打点を達成した巨人の若き4番バッター岡本和真ですら、一般的にはほぼ無名である。1980年代の原や江川のようにテレビCMで見かけることもゼロだ。

勘違いしないでほしいが、岡本自身に原因があるわけではない。世界と戦う他のスポーツの台頭はもちろん、プロ野球の立ち位置やメディアを含め、あらゆるシステムが変わったのだ。

昭和の金田正一や平成の簑田浩二など、一昔前はベテランの名選手が現役を巨人で終えることがよくあったし、野球少年の最大の夢は「巨人の4番」だったが、今の子どもたちはナチュラルに大谷に憧れ、その先にあるメジャーリーグを目指している。長嶋や王、松井のような巨人発の国民的スーパースターは、今後よほどのことがない限り生まれることはないだろう。間違いなく、今の巨人で最も世の中に顔と名前が知られているのは、1980年代のスーパーアイドルで61歳の原監督である。

世の中では度々〝野球離れ〟という言葉を耳にする。要は週刊誌やタブロイド紙といった旧メディアで語られる〝プロ野球離れ〟のイメージは、〝世間の巨人離れ〟と同義語だと思う。もちろん球界にとっては、北海道や東北にもチームができて、12球団の人気や選手知名度がフラットになりつつある今の状況の方が健全だ。

だが、ソフィスティケートされた健全さを追い求める内に、気が付けば社会常識感覚で各チームの選手を知っている野球ファン中間層が減った。その中間層とは、一昔前は日本中に溢れていた〝なんとなく巨人ファン〟であり、今では球場から足が遠のいている〝巨人難民〟でもある。

「ミスターが監督を辞めて興味を失くした」とか、「ゴジラ松井がいなくなってから見なくなった」みたいなきっかけで徐々にファンが減り、トドメは手軽にナイターを見られる環境の喪失。これは野球だけに限った現象ではないが、そんなメディアの細分化や趣味の多様化が進む今だからこそ、かつてみんなの共通言語だった地上波テレビをベースにした、〝プロ野球＝国民的娯楽〟という価値観もアップデートが求められている。

令和の巨人軍論を！

さて、そんな時代に巨人はどう巨人であり続けるのか？　ジャイアンツらしさとはなんだろうか？

もしかしたら、本書を手に取った読者も昔は毎晩ナイター中継を見ていたのに、最近は巨人戦からすっかりご無沙汰という人も多いかもしれない。バブル景気の象徴であり、昭和の終わりにできた東京ドームは開場30年以上が経過して屋根もすっかり黄ばんできた。

それでも、プレーの質自体は今の若い選手の方が明らかに進化していると思う。現在のチームの柱にして、生え抜き右打者初の40本塁打を放ったキャプテン坂本勇人は球団史上最高のショートストップだし、菅野智之は往年の斎藤雅樹・桑田真澄・槙原寛己の三本柱と比較しても見劣りしない立派なエースだ。岡本の本塁打の軌道は天性のホームランアーティストそのものである。そのことは、毎年50試合前後は巨人戦を球場観戦し続ける現役G党の自分が保証する。いつだって、プロ野球は〝今〟が一番面白いのである。


今も変わらず〝巨人ファン〟のあなたへ。

あの頃、ONや中畑や松井を追いかけていた〝巨人難民〟のあなたへ。

そして、〝アンチ巨人〟のあなたへ。

本書は「昭和のプロ野球」を否定するものではなく、かといって「平成のジャイアンツ」をただ懐かしむつもりもない。これからの「令和巨人論」を書くつもりである。

2．終わりの始まり

「平成最強スラッガー」の存在感

街から「巨人の選手」が消えた。

原巨人が5年ぶりにリーグ優勝を飾った令和元年（2019年）の12月、街を歩けば三菱ＵＦＪ銀行の窓には「挑戦する人にしか、見えない風景がある。」と大谷翔平（エンゼルス）の巨大ポスターが複数枚貼られ、スーパーへ買い物に行けば日清カップヌードル売り場で八村塁（ウィザーズ）の等身大パネルがお出迎え。お菓子コーナーではフィギュアスケーター羽生結弦の顔写真が印刷されたロッテガムボトルが大量に陳列され、羽生オリジナルカードファイルのプレゼントキャンペーン中だ。

一昔前なら、この役割は長嶋茂雄や王貞治であり、原辰徳が担っていた。ちなみに2

019年にサントリーのペプシCMにはサッカー選手の本田圭佑が出演していたが、1999年のペプシCMキャラクターは当時24歳の高橋由伸だ。日本に「世界を舞台に戦う」アスリートが出現する前は、スポーツ界の主役はいわゆるひとつの巨人軍のスーパースターたちだったのである。その1990年代後半あたりまでは健在だった〝ニッポンの常識〟が変化したきっかけは、2002年秋、松井秀喜のFA流出だろう。

2002年（平成14年）、日本列島はFIFAワールドカップ日韓大会で異様な熱気に包まれていた。グループリーグ日本vs.ロシア戦のテレビ視聴率はなんと66・1パーセントを記録。さらに決勝戦のドイツvs.ブラジルも65・6パーセントとまさにサッカーバブル絶頂である。「パブリック・ビューイング」という言葉を頻繁に聞くようになったのも、若者たちが渋谷のスクランブル交差点でハイタッチをかまし出したのもこの頃からだ。

NPBはワールドカップの日本戦開催日は試合を組まずに、絶対に負けられない戦いをサポート。この年、プロ野球界で活躍したのはプロ10年目の松井だった。

7月は打率・379、11本塁打。8月は・402、13本とゴジラ大爆発の夏。打点も

2か月間で49打点と荒稼ぎをして三冠王へ驀進。10月初旬に中日の福留孝介に打率を抜かれるも、10月10日の東京ドーム最終戦では全球ストレート勝負を挑んできたヤクルトの五十嵐亮太からレフトスタンドへ第50号ホームランをかっ飛ばす。

セ・リーグでは１９７７年の王貞治以来の日本人50本塁打を達成。この年の原巨人は日本シリーズでも西武を４勝０敗で下し日本一に輝くことになるが、その強いジャイアンツのど真ん中にいたのは間違いなく４番松井だった。

入団時に王貞治の持つシーズン本塁打記録に追いつき追い越せと「背番号55」を託され、長嶋茂雄の「４番１０００日計画」の末に完成した平成最強スラッガー松井秀喜。甲子園のスターから巨人のドラフト１位という王道、しかもミスターとの師弟関係の鉄板アングル。いわばＯＮ世代のオールド巨人ファンが過去と未来を乗せ、心から感情移入して応援できる存在がゴジラ松井だったわけだ。

「巨人の４番」の海外流出

そんな松井を中心とした21世紀のジャイアンツが始まったと思ったら、事件が起きる。

なんと日本一に輝いた直後の11月1日未明、テレビのニュース速報で「松井のFA宣言とメジャー移籍希望」の第一報が流れたのである。

前日深夜、ホテルオークラで土井誠球団代表、長嶋前監督、原監督らと個別会談。午前1時過ぎに部屋を訪れた原は松井の口から「夢を捨てきることができないんです。メジャーに行かせてください」という重い言葉を聞くことになる。

もともと松井のメジャー志向は知られた話で、前年の契約更改時にも「巨人残留かメジャーの二者択一」とはっきりと口にしていたし、一足先に海を渡ったイチローの大活躍で日本人野手への評価も上がっていた時期だ。冷静に考えたらNPBのトッププレーヤーの米移籍は想定内。シーズン50発を放ち、チームを日本一に導いた直後なので、新たな挑戦としてのタイミングも理想的だ。

だが、有望新人選手がことごとく巨人を逆指名し、まだ毎晩ゴールデンタイムで地上波ナイター中継をしている時代において、「巨人の4番が全盛期に自らチームを去る」インパクトは凄まじかった。一昔前の野球少年が死にたいくらいに憧れた、巨人の4番の先の世界があると、4番を打った本人が証明してしまったのだ。

会見に臨んだ松井はまるで謝罪会見のような暗い顔で「今は何を言っても裏切り者と言われるかもしれないが」と言葉を絞り出し、焦った土井球団代表は「日本球界の大砲をメジャーリーグに流出させたことをファンの皆さまに深くお詫びします」なんて何だかよく分からない謝罪を口にする。

それだけ焦っていたのだろう。振り返れば、21世紀初頭の巨人は時代の流れを読み切れず迷走状態に突入していたように思う。

2002年11月、日米野球終了直後の松井秀喜（提供：読売新聞社）

「週刊新潮」２０００年6月22日号では、「ついに12％台も　巨人戦『視聴率神話』の崩壊」という記事が掲載され、これまでは打出の小槌状態で20パーセント超えが当たり前だったナイター中継が5月30日の広島戦で視聴率12・４パーセントと低迷。大型補強でホームランバッターばかりを揃えた長嶋采配には野球の妙味がないとスポーツ紙デスクは指摘する（それでも6月11日までの計55試合の平均視聴率は20・21パーセントと、今となっては信じられない数字を記録しているわけだが)。

2002年7月9日には、ビジター用ユニフォームの胸文字を慣れ親しんだ「TOKYO」から「YOMIURI」へと変更。そのデザインはあまりに格好悪く、築き上げた伝統を簡単に捨ててしまう球団にはファンからも怒りの声が上がった。

同じ頃、日韓ワールドカップで中田英寿や小野伸二が華々しい活躍を見せていたが、巨人人気が世界を舞台に躍動するアスリートの出現によって陰りを見せ始めていた時期に、松井は安定を保証された東京と巨人を飛び出し、自ら「世界と戦う」側に行くことを選んだ。

止むなき大型補強と若手原理主義

勇気ある28歳の決断。しかし、チーム編成や興行面においてゴジラ松井の流出はあまりに痛かった。なにせ今後10年は不動の4番を張れる絶大な知名度と人気を誇ったスーパースターが突然いなくなったのである。

長嶋監督時代は清原和博や江藤智などどれだけ無茶な補強をしようが、そのど真ん中には生え抜きの背番号55がいたからこそ、ファンも「いろいろ補強しても主役は自前の若きドラ1スラッガー松井だから」とギリギリ心理的なバランスが取れていた。しかしこの後、巨人はポスト松井に悩まされ、しばらく4番打者を外からの補強に頼ることになる。

翌2003年は3位に終わり、〝読売グループ内の人事異動〟により原監督がわずか2年で退任。清原和博の顔色はどんどんドス黒くなり、堀内政権という暗黒時代へと突入する（後述）。もし4番松井が健在だったら、テレビ視聴率はあそこまで急激に落ち込んだだろうか？　あらゆる面で背番号55の移籍がターニングポイントとなったのは疑いようのないところだ。

この時期の4番打者を見ても、第68代ロベルト・ペタジーニ（ヤクルト）、第69代小久保裕紀（ダイエー）、第70代李承燁（ロッテ）、第73代小笠原道大（日本ハム）、第74代アレックス・ラミレス（ヤクルト）と、日本で実績のある外国人選手やFAの終わりなき大型補強で凌いでいることが分かる。

この流れはラミレスが退団して、2012年に4番捕手の重責を担った阿部慎之助のチームが完成するまで続くが、物議を醸したのは確かだ。

もちろんこれが終身雇用的な価値観があった昭和の球界とは違う、選手の行き来が激しい平成プロ野球の傾向と言えばそれまでだが、当然獲られる側の他球団ファンからは「金にものを言わせた強奪」「それで勝って嬉しいのか」なんて非難の声も上がる。それどころか、巨人ファンの中でもこの路線についていけなくなり、生え抜きの若手をもっと使えという意見が多く聞かれるようになった。

現に早熟の「スペシャル・ワン」坂本勇人以降はしばらくレギュラーを掴む次世代の野手も現れず、さらにFAの人的補償で一岡竜司（広島）、奥村展征（ヤクルト）、平良拳太郎（DeNA）といった入団間もない若手選手の流出が続くと、「FA＝悪」と補強そのものに嫌悪感を露わにする人々も増えた。

若手選手は二軍で結果を残し、実際に試合で起用される中で適性や才能を判断されるが、それ以前に一軍で出番がなければ、数字的根拠の無いある種の〝最強幻想〟ばかり膨らんでしまう。しばらくチャンスを与え使ってやりさえすれば……と思うのがファン心理である。自然とその出番を奪う形になる移籍組の選手はシビアに見られがちだ。前所属チームより成績を落とせば、タブロイド紙や週刊誌でも格好のネタになってしまう。「巨人のプレッシャー」と言われるものの正体の一部は、そんな内外からの厳しい目ではないだろうか。

いまいち嚙み合わない補強と育成を巡る悪循環。1990年代のFA制度導入で始まり、2002年秋の松井流出から加速した巨人の終わりなき大型補強路線は、やがて生え抜き若手選手に過剰に期待する〝若手原理主義者〟のファンを生んでしまう。

そして、その状況から救世主的に出現したのが、松井以来の生え抜き高卒ドラ1大砲、岡本和真だったのである。

3.「失われた10年」の救世主

ことごとく伸び悩んだ〝期待の若手〟

1番遊撃・坂本勇人、2番二塁・片岡治大、3番右翼・長野久義、4番三塁・村田修一、5番捕手・阿部慎之助、6番一塁・ホセ・ロペス、7番左翼・レスリー・アンダーソン、8番中堅・橋本到、9番投手・菅野智之

これはフジテレビ『森田一義アワー 笑っていいとも!』が長い歴史に幕を下ろした6年前の春、2014年開幕戦のジャイアンツスタメンだ。野手で今も巨人で現役を続けているのは坂本ただひとりである。

開幕ローテに内海哲也や杉内俊哉といったベテラン左腕が名を連ねた球団創立80周年

のこのシーズン、プロ2年目の菅野がMVPに輝く活躍で原巨人はリーグV3を達成したものの、クライマックスシリーズでは阪神に4連敗。規定打席到達者の3割打者はひとりもおらず、正捕手を務めた阿部慎之助はリーグ最下位の打率・248に終わり、翌年から一塁へ転向する。シーズン途中に起爆剤として、キューバからの移籍第一号選手という触れ込みで加入したフレデリク・セペダが第80代4番打者を務めるも打撃不振に陥り、チームの高齢化が忍び寄っていた。

主力野手で「若手選手」と呼べるのは当時25歳の坂本くらいで、その下の世代は一定期間スタメンで出たと思ったら故障や不振でチャンスを逃すというケースが続く。

2014年開幕スタメンに抜擢された橋本到もそのひとりだ。仙台育英時代は〝みちのくのイチロー〟と称された1990年生まれの橋本は、2008年ドラフト4位で巨人から指名を受け、翌2009年は高卒1年目の選手としては異例の二軍チーム最多の463打席に立っている。まさに同期のドラ1大田泰示、1歳上の藤村大介や中井大介らと同じく10代高卒野手の「ジャイアンツ強化指定選手」である。

プロ野球は一般企業と同じく平等じゃない。入団直後にふるいにかけられ、その才能や適性をシビアに見極められる。監督やコーチといった上司との相性もあれば、与えられるチャンスの数も当然違う。強化指定選手の彼らは、その早い段階でポテンシャルを評価された、チームの未来を担う期待の若手枠だ。

そして誰もいなくなった……

橋本はプロ5年目の2013年に初の開幕一軍入り、6年目の2014年には初の開幕スタメンで自己最多の103試合出場と順調にステップアップ。イースタンでトップの捕殺数を記録した強肩に物怖じしない性格はチーム内外で評価が高く、阿部慎之助が『ジャイアンツ80年史』（ベースボール・マガジン社）掲載のインタビューの中で、巨人のチームリーダーは「近未来的に言うと、勇人、その次は僕個人的には橋本（到）にやってほしいな、と思っています」とまで言及したほどだ。だが、レギュラーに届きそうで届かないもどかしい状況が数年続き、度重なる下半身の故障もあり2018年は一軍出場なし。そのオフに金銭トレードで楽天へ移籍した。

1988年生まれの〝スペシャル・ワン〟坂本勇人の次を担う世代の停滞。2010

年代の初頭、その坂本と組む二遊間は今後10年安泰だろうと言われたスピードスターがいた。１９８９年生まれで２００７年高校生ドラフト１位の藤村大介だ。

一軍デビューした２０１１年に１１９試合出場すると、いきなり盗塁王を獲得。小さい頃の作文で「ぼくの夢はドラフト１位になって巨人に入団することだ。そして盗塁王になりたい」と書いた少年は、22歳の若さでその夢を実現させてしまったわけだ。平成生まれの巨人選手で初めての一軍タイトル獲得者。同学年で同じ１９８９年生まれの菅野智之や小林誠司は当時まだ大学４年生である。いわば藤村は世代のトップランナーだった。

阿部主催のグアム自主トレに参加した２０１２年には、東京ドーム来場者配布のプレーヤーズプログラムで宮國椋丞とともに表紙に抜擢され、１０９試合で打率・２５２と前年より3分近くアベレージを上げたが、翌２０１３年は打率１割台で一軍定着できず。そのオフにポジションが被る片岡治大と井端弘和が加入し、翌年から出番が激減。

どの世界でも20代後半にもなれば、ついこの間まで「若いから」という理由で許されてきたことが、徐々に通用しなくなってくる。失敗してもすぐ挽回のチャンスをもらえていたルーキーとは違う。ファームで自分より若い選手が増えていく現実に焦るも空回り。藤村は故障がちになり一軍から遠ざかると、2017年に28歳で10年間の現役生活に別れを告げた。

その元盗塁王とは同期入団の同い年、中井大介も勝負どころでの怪我に泣かされたひとりだ。2009年に坂本から出世番号の背番号61を引き継ぎ、その年にマツダスタジアムで平成生まれ最初のホームランも放った。2012年には48打点、116安打でイースタン・リーグ二冠王を獲得。まさに坂本以来の強打の内野手。翌2013年に1番打者に抜擢されると打率・324と結果を残し、二塁のポジションを摑んだかに思われたが、東京ドームの阪神戦の守備時にダイビングキャッチを試みた際、左膝靭帯を損傷してしまう。その後、一軍レギュラー争いには食い込めず、高橋由伸監督から幾度となくチャンスを与えられた2017年に4年ぶりの本塁打を記録するも、2018年は97打席で打率・186。そのオフに自由契約となった。

期待の大きさという面では、入団時に球団からゴジラ松井の栄光の55番を託された大田泰示も忘れられない。東海大相模で〝神奈川のジーター〟と称された大型内野手は2

008年ドラ1で巨人入り。体のサイズ、パワー、スピードとすべてを兼ね備えた逸材は、2011年には外野転向すると翌2012年に東京ドームで特大のプロ初アーチを放った。その豪快で明るいキャラは、移動中に自転車で転倒したり、肝心なところでインフルエンザにかかってしまう隙の多さも込みでファンから愛された。背番号が44に代わってからも、2015年の大型連休中には4番を任せられるほど原監督も期待した選手だったが、8年間で通算9本塁打と伸び悩み、2016年オフに日本ハムへトレードされる。

橋本、藤村、中井、大田――。あの頃、二軍で〝ジャイアンツ球場の四天王〟とまで言われていた強化指定選手たちは令和元年にそれぞれの道を歩んでいる。

藤村は巨人三軍内野守備走塁コーチを務め、橋本は楽天退団後に古巣へ戻り、ジャイアンツアカデミーコーチとしてリスタートを切った。中井は2019年から巨人でも4番を打ったアレックス・ラミレスが監督を務めるDeNAでプレー。そして、眠れるハイブリッドモンスター大田は新天地の北海道で、プレッシャーから解き放たれ見事に覚醒。外野のレギュラーを摑み、キャリア初の20本塁打も記録。2019年オフにはついに1億円プレーヤーの仲間入りを果たした。

どん底の巨人に現れた若き4番打者

気が付けば、最強キャッチャー阿部が年齢的に徐々に衰え、〝サカチョーコンビ〟で坂本と最多安打のタイトルを分けあったこともある長野は膝の怪我以降は精彩を欠き、なかなか坂本の下の世代が育たず、キャプテン背番号6への負担ばかり増す。そんな〝巨人軍の失われた10年〟。

実は21世紀の巨人で数年間にわたりレギュラー定着した生え抜き野手は仁志敏久、清水隆行、高橋由伸、二岡智宏、阿部慎之助、亀井善行、長野久義……と大卒・社会人出身が多い。一昔前まで有名選手はことごとく巨人へ集結した時代背景もあり、スタメンを張るのは逆指名ドラフト選手や他球団からのFAや大物助っ人の移籍組。いわば若手野手は「超即戦力」でなければ、一軍で生き残るのが非常に難しい環境だったわけだ。

高卒野手に限れば平成以降、レギュラー定着したのは1990年代の松井秀喜と2000年代の坂本勇人ぐらいだろう。まさに10年にひとりの狭き門。同時に、ここ数年は他球団のスター選手のメジャー移籍希望に加え、豊富な資金力を有するソフトバンクや楽天といった新興球団の台頭と、巨人がストーブリーグで苦戦することも珍しくなくなった。つまり2015年以降の巨人はV3時代の主力が高齢化し、若手は育たず、苦し紛れの補強も上手くいかない。しかも、そういう時に限って賭博事件（註　巨人所属選手がプロ野球を対象にした賭博を行い、野球協約違反により2015年秋に3名、2016年春に1名が処分を受ける）が発覚し、ドラフト会議では1位抽選のクジをひたすら外しまくる悪循環だ。

そんなどん底の状態のチームに現れたのが、岡本和真だった。

2014年ドラフト1位のスラッガー。ルーキーイヤーの夏にプロ初本塁打を放ち、2年目にはイースタン・リーグの打点王に輝くも、チーム事情から守備位置が毎年のように変わり、プロ3年間でわずか1本塁打。気の早い野球ファンからは、大田泰示のようにDHのあるパ・リーグの球団の方がうまく育つのでは……なんて声が聞かれたのも事実だ。

だが、当時の高橋由伸監督は就任3年目の2018年にひとつの決断を下す（偶然にも坂本の2008年のレギュラー定着から10年後だ)。岡本を開幕戦から一貫してスタメンで起用したのである。さらに6月2日のオリックス戦から第89代4番打者に抜擢すると、最終戦までそれを貫き通した。途中、32打席無安打や右手親指に死球を受けて21打席無安打があった時も頑なに岡本を4番から動かさなかった。

青年監督は22歳の若者の実力と可能性を信じ、岡本もそれに史上最年少の3割30本100打点達成と最高の形で応えてみせる。感情が見えないと言われた由伸采配で、これほど意志が見える起用法は他になかった。長嶋茂雄は松井秀喜を育て、原辰徳は坂本勇人の才能に懸け、高橋由伸は岡本和真を信じたわけだ。

高橋由伸の大いなる遺産

この岡本のレギュラー定着はチームにとっても大きな意味を持つ。松井は1年目から平成高卒ルーキー唯一の二桁本塁打を放ったし、坂本は2年目に早くも144試合フル出場。いわばこのふたりはプロのレベルにすぐ適応して瞬く間にポジションを奪い、体力面でも桁違いにタフな、まさに10年にひとりクラスの早熟の天才だ。けど、岡本は違う。3年間、まったく結果が残せず二軍で泥にまみれた。毎年のように一塁や三塁に外国人選手を補強して、守備位置も固定されない。そこから腐らず一歩ずつ階段を上り、一軍でレギュラーを獲り、不動の4番の座を摑んだ。

驚くべきことに、巨人で一軍の壁や度重なる外部補強にはね返され続けながら、腐らず時間をかけて下から這い上がり、主力にまで成り上がった高卒野手は平成30年間で岡本だけだ。

そして、背番号25の活躍により、二軍や三軍も活性化した。松井さんや坂本さんはレベルが違う。でもジャイアンツ球場で一緒にやっていたカズマがあれだけ活躍できるなら……。俺らも負けてられねぇぞ……と。

待望の生え抜き4番打者・岡本和真（提供：読売新聞社）

2019年、巨人は多くの若手を抜擢して5年ぶりのリーグVに輝いたが、前年の岡本の活躍が彼らの刺激になっているのは間違いないだろう。高橋由伸監督は過渡期のチームを引き受け、3年間で一度も優勝はできなかったが、最後に腹を括って4番岡本を育てた。大げさに言えば、己のクビと引き換えに大きな遺産を球団に残したわけだ。その事実は忘れないでいたい。

ヨシノブが耕し種を蒔き、タツノリが花を咲かせた令和元年の優勝。原監督は2018年オフに復帰するなり丸佳浩や炭谷銀仁朗を獲得して、2番坂本の新打順を組み、田口麗斗や大竹寛をリリーフで再生させ、ある意味〝巨人のベース〟を一度ぶっ壊してチームを再構築したが、「4番岡本」だけはそのまま前任者から引き継いだのは興味深い。

現役時代、偉大なONと比較され誰よりも叩かれた「昭和の4番原」が、「令和の4番岡本」を受け入れたのである。

4．令和の原辰徳

〝若大将〟が〝大御所〟に

原辰徳：45回
坂本勇人：26回
岡本和真：22回
菅野智之：19回
阿部慎之助：16回

これは「スポーツ報知」の2019年一面登場回数ランキングである。今のチームの主力選手たちを抑え、原監督がぶっちぎりでトップ独走だ。やはり昭和の大スターの世間的知名度は半端ない。

〝ナガシマ2世〟と騒がれた高校時代は雑誌「明星」のグラビアを飾り、１９８１年の巨人入り直後はラジオ番組で田原俊彦と対談をしていたスーパーアイドル。

プロ1年目に新人王を獲得しチームも日本一になると、1億総タツノリフィーバーが巻

三度目の監督就任を果たした原辰徳（提供：読売新聞社）

き起こる。１９８２年のピーク時は大手7社のテレビＣＭに出まくり、「4番サード原」がキャリアハイの１０３打点でＭＶＰに輝いた１９８３年は、巨人戦テレビ中継視聴率は史上最高の年間平均27・1パーセントを記録している。
まさにどんな人気芸能人よりもテレビに出まくった前代未聞のアスリート。つまり、バブル突入前の混沌と混乱と狂熱の１９８０年代前半、日本中がタツノリスマイルに注目したわけだ。
しかし、現代は娯楽の選択肢も増え、大スターを国民全員で共有するという感覚が薄

れてきている。アイドルグループも有名ユーチューバーも、もちろんプロ野球選手も、熱狂的ファンがつくサークルの中では人気でも、世間という名の「環状線の外側」ではほとんど無名の存在に近い。令和最初の紅白歌合戦の視聴率は1部34・7パーセント、2部は37・3パーセントで歴代最低を記録（1部はワースト6位）。日本人のほとんどが口ずさめるヒット曲はもう何年も生まれていない。

そんな令和のリアルにおいて、原辰徳は紅白歌合戦や巨人戦が〝国民的娯楽〟だった時代からずっとスーパースターであり続けている。偉大なＯＮが一線を退き、闘将・星野仙一や野村克也が亡くなり、広岡達朗や森祇晶が現場復帰することもうないだろう。今の12球団の監督を見渡しても、原監督と勝負できる知名度や影響力を持つ指導者はひとりもいない。気が付けば、ひ弱なお嬢さん野球の象徴とすら言われた若大将が、40年の時を経ていまや球界最後の大御所になった。

まさかのヒールターンから巨人監督歴代1位へ

２０１９年ストーブリーグでは、「セ・リーグにもＤＨ制度の導入」や「ＦＡの人的補償撤廃案」を確信犯的に発言して野球ファンの間で物議を醸したが、批判を恐れずに我が道を突き進む今のタツノリは、野球界全体を俯瞰した案も果敢にぶっこんでくる。

振り返れば、2018年オフに三度目の監督として帰ってきた直後は完全に悪役だった。ベビーフェイスからまさかのヒールターン現象。このGM制度が浸透しつつある現代で、〝全権監督〟なんて古すぎて新しい立ち位置で派手に大型補強を重ね、その代償で内海哲也や長野久義といった功労者が人的補償で流出してしまう。巨人ファンですら、その強引な改革には賛否両論だった。しかし、蓋を開けてみたら復帰1年目から即リーグ優勝。選手時代はあれだけ勝負弱いと言われていた男なのに、指揮官としての異常な勝負強さは健在だ。

今から40年前、原のプロ野球人生の始まりは、長嶋監督が男のケジメで去り、王貞治も現役を退いた1980年オフのドラフト会議で、4球団競合の果てに相思相愛の巨人入り。それ以来、ずっと偉大なONの後継者として、ふたりと比較され叩かれ続けてきた。

1980年代中盤の週刊誌を見ると、「話し相手は4匹のボクサー犬だけ　ダメ巨人の

「A級戦犯原辰徳の心体行状をとことん抉る」（「週刊現代」1984年6月23日号）、「王監督も見限った原辰徳のピーターパン症候群」（「週刊サンケイ」1984年6月21日号）、「打撃30傑も危ない…原辰徳に巨人軍〝栄光の4番打者〟は無理なのか　入団5年目、超一流になれない若大将に識者が苦言直言！」（「週刊宝石」1985年9月27日号）なんて辛辣な見出しが並ぶ。

これでいったいどれだけ酷い成績なのかと思えば、背番号8の1980年代トータルの274本塁打、767打点はセ・リーグでトップだ。いわば誰よりも打ちまくって、誰よりも批判されたのが原という選手だった。

指導者としてもミスターのもとで野手総合コーチ、ヘッドコーチと段階を踏み、2002年から〝長嶋巨人〟を継承し監督へ。2009年には王貞治の後釜として日本代表監督を引き受け、WBC連覇を成し遂げた。原のキャリアには常にON超えがついてまわったが、三度目の監督では、さすがにその手のアングルはほとんど語られなくなった。

2019年終了時で原監督は通算1024勝。長嶋茂雄1034勝、川上哲治1066勝なので、2020年中には通算勝利数で巨人監督歴代1位に立つだろう。もう恐れるものなど何もない。記録でも記憶でも、原辰徳はＯＮの重圧から自由になったのである。

原辰徳の功と罪

２０２０年で通算14年目のシーズン（２００２年〜２００３年、２００６年〜２０１５年、２０１９年〜）に突入した原政権は、これまで8度のリーグ優勝（２００２年、２００７〜２００９年、２０１２〜２０１４年、２０１９年）、3度の日本一（２００２年、２００９年、２０１２年）に輝いている。文句のつけようがない圧倒的な実績だが、巨人では１９９３年から長嶋監督が9年間続いたので、途中で堀内恒夫（2シーズン）と高橋由伸（3シーズン）を挟みつつ、長嶋・原体制で計23年間戦っていることになる。

気が付けば平成30年の大部分と考えると恐ろしく長い年月だが、両者の監督としての特徴をひと言でいえば、優勝が懸かった大一番を〝国民的行事〟と自ら盛り上げ、無邪気に4番打者を並べるような重量打線を好むミスターは、ファンを楽しませる劇場型采配。そして、シビアに戦況を見極め、唐突な選手の降格人事など非情とも思える決断を下す若大将は、目の前の勝利を追い求めるリアリストだ。まるで長嶋茂雄がジャイアント馬場的な明るい〝王道〟の全日本プロレス、原辰徳はアントニオ猪木的な危険な〝ストロングスタイル〟の新日本プロレスである。

ふたりとも大型補強全盛の「平成巨人」だからこそできた采配だろう。それこそ1970年代後半の第一次長嶋政権では中畑清や篠塚利夫（現・和典）といった多くの若手を地獄の伊東キャンプで鍛え上げたし、1980年代には藤田元司監督や王貞治監督が、槙原寛己、斎藤雅樹、水野雄仁、桑田真澄とことごとく高卒ドラフト1位を主力投手へ育てた時期もあった。

しかし、1990年代前半から十数年間は逆指名ドラフトで大学・社会人のアマ球界トッププレーヤーがチームに集結し、FAで大物選手を獲り放題。我慢して若手を育成しなくても次から次へと超即戦力の選手が来ていた特殊な時代だ。結果、一握りの早熟の天才型選手以外は早々と脱落。鳴かぬなら鳴かせてみようホトトギスではなく、育たぬなら待つより獲ってしまえジャイアンツである。

前項でも触れたが、1990年代の長嶋体制では松井秀喜という規格外のスラッガー以外は、多くのガラスの10代が二軍に埋もれ、ジャイアンツ球場でくすぶっていた。

その代表とも言えるイースタン・リーグの元本塁打王・吉岡雄二（１９８９年ドラフト3位）は、近鉄へ移籍してから長距離砲の素質が開花。原政権も坂本勇人というスペシャルな才能との出会いを除けば、ことごとく期待の若手はチャンスを摑めず、大田泰示もトレード先の日本ハムで1億円プレーヤーとなった。正直、第二次原政権の後半は、若手野手が出場機会を失う恐怖から萎縮しているようにすら見えたのも事実だ。

監督も人間だ。それぞれ得意・不得意がある。言ってしまえば、ＦＡ時代における長嶋・原は方法論こそ違えど、ともに若手育成には向いていなかったのは否めない。そういうタイプの指揮官が計23シーズンも監督を務め、結果的に生え抜きの世代交代は停滞した。皮肉なことに、巨人の象徴とも言える国民的スーパースターの手によって、巨人の伝統は失われかけていたわけだ。

例えば、一時エースを張った内海哲也は暗黒期と言われた堀内監督時代を振り返り、「今から思えば本当に使えないピッチャーだったんですけど、当時の堀内（恒夫）監督がどんなにダメでも辛抱強くというか、我慢していただいたというか。ほぼ１シーズン一軍にいさせていただいて、僕はこの経験があるからこそ、変われたと思います」（『ジャイアンツ80年史』ベースボール・マガジン社）と感謝を口にしているし、岡本和真も由伸監督が自身ラストシーズンの２０１８年に開幕から腹を括って使い続け開花した。

そして、その後エース内海は原巨人の二度のＶ３を支え、岡本は第三次原体制でも４番を打ち5年ぶりのＶに貢献。結果的に21世紀の巨人は、チームの過渡期を任された堀内と由伸の両監督が育て、それを引き継いだ原が結果を出すという形になっている。もちろん原監督は勝つことに特化した平成を代表する名将だが、そういうタイミングの良さ、異常な引きの強さも大きな追い風になっていることにも触れておきたい。

〝新米監督〟として

だが、そんな原監督にも異例の三度目の登板となった２０１９年シーズンには変化が見られた。「のびのび野球」を掲げ、1シーズン密着したＤＡＺＮのジャイアンツ・ドキュメンタリーシリーズでは、背番号83が打撃ケージの裏で若手選手に気さくに声をかける姿が幾度となく確認できる。往年のアイドル、若大将も今年62歳だ。父と子以上に歳の離れた20代の選手に対して、圧倒的な実績を持つ自分がこれまでと同じスタンスで叱咤激励しても、時にマイナスになってしまう。

「1回目、2回目の原監督という像が僕の中にある。しかし、その像は正しいという信念はあるけれども、それだけじゃダメ、まだ進化しなきゃ、前に行かなきゃ。新米監督でやるんだと」（「スポーツ報知」2019年7月31日）

ついに原辰徳は時代に合わせた変化を受け入れたのである。ソフトバンクと戦った日本シリーズでは、内野は助っ人のクリスチャン・ビヤヌエバやベテラン中島宏之ではなく、1993年組の山本泰寛や若林晃弘を起用して空回り。リリーフでは19歳のルーキー戸郷翔征を送り込み、代打では3億円プレーヤー陽岱鋼より、26歳の重信慎之介を勝負どころで使い4連敗という結果に終わった。

もう監督としては、あらゆるものを手に入れてきた。世界一の栄冠も名将の称号もすべてこの手に。やり残したことと言えば、前回退任時に由伸に丸投げする形になってしまった反省からの、自身の後継者育成と次の指揮官に託すチームのベース作りくらいだろう。だから、ポストシーズンでは積極的に若手に大舞台の経験を積ませ、引退した阿部慎之助に二軍監督を任せた。指導者経験のない宮本和知や元木大介のコーチ適性を見抜き抜擢したことも含め、それらは第一次、第二次原政権では見られなかった方向性だ。

平成が終わり、昭和も遠くなりにけり。プロ野球史上でただひとり、長嶋・王と比較され続けた戦いからの卒業。ついにＯＮのプレッシャーから解放され自由になった原辰徳は、いったいどんな「令和の巨人軍」を作り上げてくれるのだろうか——。

5. 堀内政権は本当に〝暗黒期〟だったのか？

視聴率低下の〝戦犯〟

かつて、世の中で〝巨人人気の急落〟と盛んに言われていた時期があった。

２００４年、堀内恒夫が巨人監督に就任した頃の話である。２００２年に原辰徳新監督が１年目で日本一となるも、50本塁打を放った松井秀喜がまさかのヤンキースへＦＡ移籍。翌２００３年は大黒柱を失いながらも71勝66敗３分の３位をキープしたが、来季のコーチ人事を巡りフロントとの関係も悪化。９月16日にチームが28年ぶりの９連敗を喫した翌日、契約を１年残し若大将は辞表を提出する。

原は巨人軍特別顧問となり、読売新聞スポーツアドバイザーの堀内が新監督に就任。長嶋茂雄からの王位継承にもかかわらず、わずか２年の短期政権に渡邉恒雄オーナーの

「辞任とか解任とかではなく、読売グループ内の人事異動」という言葉が虚しく響いた。

この始まりの時点で堀内政権は逆風からのスタートになってしまう。なんだかんだ栄光のV9に間に合わなかった多くのポスト団塊ジュニア世代にとって、原辰徳は唯一無二の〝俺らのスーパースター〟である。原の監督退任に対する巨人ファンからの不満の声は強く、さらにミスターが2004年春に病に倒れ、戦力面では不動の4番ゴジラ松井がニューヨークへ去り、主力の清原和博や桑田真澄が衰えてきたタイミングで監督に就任したのが堀内恒夫だったわけだ。

2004年は開幕から阪神相手にいきなり3連敗スタート。堀内監督が開幕シリーズの視聴率低迷を聞かれ、「俺にどうしろと言うんだ」なんて報道陣を一喝する様子も報じられた。そう、1990年代は年間平均視聴率20パーセント超えも当たり前のドル箱ソフト巨人戦中継の視聴率が、21世紀に入ったあたりから、徐々に低迷していた。

長嶋政権最終年の2001年は年間平均15・1パーセント、原新監督が日本一に輝く2002年は16・2パーセント、2003年は14・3パーセント、そして堀内政権1年目の2004年が12・2パーセント、2005年に10・2パーセントともはやゴールデンタイムの番組としては厳しい数字を記録するようになる。

２００５年９月にはテレビ朝日で深夜の録画放送に差し替えられ、２００６年８月には日本テレビが最大30分間の延長オプション放送を中止、フジテレビは８月以降は地上波中継そのものを取りやめ、ＣＳテレビなどの中継に変更した。

ただ、いまだに堀内政権時代に巨人戦の視聴率が急落したようなイメージを持っている野球ファンも多いと思うが、実際は数年前からその兆候はあった。２００２年の日韓ワールドカップ前後にサッカー日本代表が爆発的な人気となり、桜庭和志というスターを生んだ総合格闘技も若者の間でブームとなっていた社会的背景が大きく、２００４年にはＮＰＢ球界再編に海の向こうではイチローのシーズン最多安打記録への挑戦も大きな話題に。ここでも堀内政権はタイミングに恵まれなかったとしか言いようがない。

虚しすぎる「史上最強打線」

それでも２００４年の巨人は「史上最強打線」が猛威を振るった。開幕から33試合連続本塁打のセ・リーグ記録を樹立すると、６人が20本塁打以上をマークする。チーム通算259本はプロ野球新記録。738得点、719打点も球団最多である。

しかし、投手陣がチーム防御率4・50と安定感を欠き、落合監督率いる首位中日に8ゲーム差の3位に終わる。そして、2005年は夏場に急失速すると球団史上最多の80敗を喫し、堀内監督も契約を1年残し退任することになるわけだ。

この2年間のジャイアンツは、とにかくトラブルが多かった。2005年4月にはタフィ・ローズが、弘田澄男外野守備走塁コーチに外野守備を注意され、あわや摑み合いのケンカ寸前の騒ぎを起こし、「ジャイアンツ大嫌い。みんな下手くそ」と暴言を吐き罰金200万円を科せられる。ローズは近鉄時代8年間で288本塁打、シーズン55本塁打を放ったこともある人気選手だったが、新天地では入団会見で全試合スタメン出場の契約条件があることを匂わせ球団を慌てさせ、2シーズン目の夏には右肩の治療を理由に二軍降格すると、チームの若手切り替えもあり、そのまま帰国して退団と、巨人の2年間ですっかりトラブルメーカーのイメージがついてしまった。

清原和博にしてもそうだ。2004年は前年秋の右ヒザ手術の影響もあり、プロ19年目で初めて二軍のキャンプインを迎えた。6月に通算2000安打達成も、死球による左手骨折もあり、40試合の出場で自己ワーストタイの12本塁打。4年契約はあと1年残っていたものの、スポーツ新聞で来季構想外を報じられると、自身の去就を確かめるため球団事務所を訪れ直談判という異例の行動に出る。

最終的に謝罪会見を開き一転残留となるも、2005年は両耳にピアスをつけ、激励会の席上で渡邉前オーナーから苦言を呈される一幕もあった。それでも確執を噂された堀内監督は清原を開幕4番に起用し、4月は自己最多の8本塁打をマーク、広島市民球場で通算500号アーチも放った。

だが、38歳の清原は両太ももや膝の状態が限界に近い中で22本塁打を放つも、8月4日の広島戦では7番起用を不服とし、ホームランを打った後にベンチ前で出迎える監督やナインを素通りする、ハイタッチ拒否事件を起こす。13日には球団の方針で一軍登録抹消、左ヒザ手術で入院する前日の8月29日に来季戦力外を告げられ、死にたいくらいに憧れた巨人での9年間は終わりを告げた。

なお、〝KKコンビ〟の桑田真澄も2005年は0勝7敗、防御率7・25に終わり、クローザーを期待されたダン・ミセリは救援失敗を繰り返すが、二軍降格させられない契約がネックとなり、わずか4試合の登板で防御率23・63という数字を残し、4月19日に球団史上最速のスピード解雇。直後に人力車に乗り浅草観光する様子が報じられた。

同じくセンターライン強化の目的で獲得した新外国人のゲーブ・キャプラーも、38試合で打率・153、3本塁打と日本野球に全く適応できずに途中退団。万策尽き、1979年以来26年ぶりの5位に沈み、堀内政権はあっけなく終わりを告げた。

エース内海の告白

当時の異様なチーム状況を、23歳の若手で経験した内海哲也はその7年後の優勝手記の中で振り返っている。2012年9月22日付の「日刊スポーツ」。前夜に東京ドームのヤクルト戦に勝ち、3年ぶり34度目のセ・リーグ優勝に輝いた歓喜の巨人ナインが一面を飾る紙面だ。

通常、優勝翌日はお祝いムード溢れるいい意味でユルい作りの紙面になるわけだが、この日の「日刊スポーツ」に掲載された内海の手記はガチだった。

「晴れの日に、ふさわしくないかもしれない。誤解を招くかもしれない。でも、今思うことを正直に記したい」と始まる手記は、夢かない祖父と同じ巨人のユニフォームに袖を通す喜びに触れつつも、暗黒時代のチームの苦悩を赤裸々に振り返っている。エースと呼ばれる先輩方は一国一城の主《あるじ》としてそびえ、人を寄せ付けないオーラを放ち、後輩が気軽に会話することもできない。

「常にピリピリした空気が漂い、恐怖すら感じた。俗にいう派閥もあった。誰かと話すだけで『内海はあっちについた』とささやかれたりした。あこがれが大きかった分、ショックだった」

若い内海は絶望するが、心に誓う。いつか自分が軸になり、新しい巨人を築くのだと。慕っていた高橋尚成のメジャー移籍後、グアム自主トレのリーダーを引き継いだ内海は、「あの頃に戻るのは絶対に嫌だ。自分が引っ張るんだ」と年下の選手に接するようになる。人見知りなんて言っていられない。後輩に下の名前で話しかけ、聞かれたら何でも答えた。いい手本になれるよう練習での妥協も一切やめた。自身が初の最多勝を獲得した2011年シーズンオフ、ソフトバンクから実績も年齢も上の杉内俊哉がFA移籍してくると個人の感情は抑え、ベテランと若手を繋げるのが自分の役割だと失礼を覚悟しつつ、〝トシ兄〟と呼んだ。やがて内海は理想のチーム像に辿り着く。「内海城はまだ平らな1階建ての城でしかない。でも、階が分かれているよりよっぽどいい。広いフロアにみんな一緒。『雑魚寝ジャイアンツ』で最高だ」

そんな恵まれた環境に加わったのが、ドラフト1位ルーキー菅野智之である。内海は決して上原や菅野のように順風満帆のプロ生活のスタートを切ったわけではない。1年目は未勝利に終わり、2年目の2005年に26試合で4勝9敗、防御率5・04の若手左腕を我慢して使ったのは、堀内監督だった。さらに当時の「月刊ジャイアンツ」（2005年11月号）によると、プロ初勝利を挙げた西村健太朗に監督賞を贈り、地元広島での試合前に半日の休みを与え、「ご両親のところへ報告に行って、この監督賞を渡してこい」と送り出したこともあった。野手では3年目の矢野謙次を85試合に起用し、ルーキー亀井義行（現・善行）を一軍デビューさせている。いわば彼らは「ホリウチ・ベイビーズ」なのである。

〝歴史の谷間〟の功績

後年、「スポーツ報知」の阿部慎之助2000安打記念タブロイド号で「04年、05年ころの話だ。今だから明かすが、私は阿部をサードにする構想を持っていた。あの時、内野手になっていたら、通算3000安打も達成できたかもしれない」なんて、悪太郎(註 堀内の現役時代の愛称)は自身の監督時代の「愛と幻想の阿部三塁転向案」を明かしているが、その阿部はのちに『ジャイアンツ80年史』(ベースボール・マガジン社)のインタビューで、優勝から見放された2005年前後をこう振り返る。

「そのときも錚々たるメンバーがいたんですけどね。そういう個々に力のあるメンバーがいたとしても、まとまりのあるチームにならなければ勝てないんだな、と痛感しました」

やがて阿部は当時の失敗を生かしキャプテンとしてチームをまとめあげ、内海はリーダーとなり、エース菅野までの時代を繋いだ。その後の球団史を見ても、堀内政権の2年間は決して無駄ではなかったことが分かる。

もう、二度と2004年の「史上最強打線」のようなラインナップが揃うことはないだろう。打線の中心はパ・リーグから来たタフィ・ローズと小久保裕紀の移籍組。ローズは45本塁打でホームラン王を獲得、小久保も41本塁打で巨人の右打者として初めて40本に到達した。生え抜きでは逆指名入団組の高橋由伸と阿部が打率3割、30本塁打をクリア。さらにヤクルトで本塁打王2回、打点王1回に輝いたペタジーニが29本塁打。再び1番起用することで復活した仁志敏久も28本塁打。さらに清水隆行や二岡智宏がいる切れ目のないオーダーだった。これに加えて、ベンチにはFA組の清原や江藤智といったベテランスラッガーが控えているわけだ。多くの選手が好条件の巨人に入りたがり、球団も片っ端から獲りまくる。長嶋巨人時代から続いた、投打のバランス度外視でひたすら大砲を掻き集める補強のピークと限界がこの年だったように思う。

球史に残る259本塁打と、1990年代からミスターが追い求めた理想が現実になった。でも、巨人は勝てなかった。そのツケを払ったのが、堀内政権だった。なにせ、2005年のチーム最多勝投手は11勝を挙げた42歳の工藤公康だ。世代交代急務、未来のために、今を捨てるしかなかった。

長嶋と原という巨星輝く歴史の谷間に存在した2年間、堀内政権は巨人の〝暗黒期〟ではなく、未来を明るく照らすための〝転換期〟だったのである。

6. 獲るか、育てるか——ＦＡ組と育成選手

ふたりの〝育成の星〟

圧倒的な格差社会がそこにあった。

数年前、初めて巨人宮崎キャンプ取材へ行った際の話だ。広大な敷地内の施設を見て回ると一軍、二軍、三軍でそれぞれ球場のグレードがまったく違う。スター選手が集う一軍の緑の芝が眩しいサンマリンスタジアムには観客や報道陣が集結、まさにスポーツニュースでいつも見るプロ野球の華やかな世界である。

それが二軍練習場のひむかスタジアムは黒土のグラウンド上に強風で土ぼこりが舞う中、見物人もまばら。男子トイレでいきなり頭を洗う中堅投手と遭遇するハードな環境だった。おぉプロの世界は厳しい……と痛感していたら、さらに三軍練習場に向かい驚

愕した。まるで草野球で使う町営グラウンドのような場所でファンも報道陣もほとんどいない。育成選手たちが文字通り汗と泥にまみれ白球を追いかけるリアル。間違いなく、高校や大学の強豪校の設備の方がはるかに充実しているだろう。ついでに宿舎も一軍はプール付きの豪華ホテル、二軍以下は部活動の合宿所のような雰囲気だった。

プロ野球に育成選手制度が導入されたのが、2005年のことである。巨人がその秋の育成ドラフト1巡目で指名したのが山口鉄也、翌2006年の育成ドラフト3巡目が松本哲也だ。彼らは立て続けに支配下枠を勝ち取り、山口は2008年、松本は2009年のセ・リーグ新人王に輝いた（育成から支配下登録へは2007年2月に松本、同年4月に山口の順）。

アメリカのルーキーリーグで4年間プレーするも芽が出ず、巨人入団テストを受け、育成選手から球界屈指のセットアッパーまで成り上がり、プロ野球記録の9年連続60試合登板を含む通算642試合に投げた鉄腕・山口。

身長168センチの小柄な体形ながらも、2009年にゴールデングラブ賞を獲得後は貴重な守備固めとして通算591試合に出た松本。いわばこのふたりが「育成の星」

となり、巨人はその後も育成選手を増やしていく。

育成選手のリアル

２００７年には巨人育成選手とイースタン・リーグの他球団選手の混合チーム「フューチャーズ」が結成され、２００９年からはロッテとの混合チーム「シリウス」で独立リーグや社会人チームと試合を組み、若手に実戦経験を積ませた。２０１１年には序列的に事実上の三軍にあたる「第二の二軍」を発足させ、13年限りで一時廃止されるも（育成選手も22人から13人へと激減）、２０１６年からは三軍制度を敷き、再び20人以上の育成選手が在籍している。

しかし、だ。紆余曲折ありながら、なかなか長期的に活躍できる選手は育たなかった。これまで巨人から育成ドラフトで指名を受けたのは延べ73名、支配下を勝ち取った選手は内20名（２０１９年終了時）。その中で、数シーズンにわたり一軍定着した人材は山口・松本以降は現れていない。とてもじゃないが、育成制度が機能していたとは言い難い状況だった。

以前にも「ジャイアンツ失われた10年」と触れたが、巨人の２０１０年代といえば、積極的にＦＡ組や外国人選手を含む他球団からの補強を繰り返していた時期だ。といっても、１９９０年代や２０００年代とは違い、すでに特Ａクラスの超大物選手はメジャー移籍を目指す時代。良く言えば中堅・ベテランクラスで数年間つなぐ、シビアな見方をすればその場しのぎの場当たり的な補強が目立った。

巨人が「超即戦力ルーキー」をことごとく獲得成功した１９９３年から導入された逆指名ドラフトも２００６年限りで廃止。つまり、30代の補強組が出場機会を得て、その壁に若手がはね返され、１９８８年生まれの坂本勇人から１９９６年生まれの岡本和真までの間に谷間の世代的な断絶ができ、結果的に世代交代が滞ってしまった。

当然、ドラフト上位組ですら少ないチャンスをものにできなかったのだから、育成出身選手もなかなか一軍定着は遠い。

例えば、広島国際学院大から入団した２００６年育成ドラフト４巡目の隠善智也という選手がいた。原監督も「天才的な打撃」と称したシュアなバッティングを武器にプロ２年目の２００８年３月に支配下登録を勝ち取ると、２０１２年は二軍野手キャプテンを務め、打率・327でイースタン・リーグ首位打者を獲得。毎年二軍で3割近いアベレージを残しながらも、一軍にたまに呼ばれても結果を残せず、すぐジャイアンツ球場へ逆戻り。そうこうしている内に30歳を過ぎ、2015年限りで現役を引退した（その後巨人球団スタッフへ）。

驚くべきことに、隠善は二軍で通算2053打席に立った。あの頃、時々イースタンの試合を見に行くと、年下の選手たちに交じってプレーする背番号52をよく見かけた記憶がある。育成選手は支配下登録がゴールじゃない。そこがスタートだ。2010年代のジャイアンツ球場（註　神奈川県川崎市のよみうりランド内にある巨人二軍の本拠地）には、隠善のように第二の山口・松本を期待されるも、志半ばで力尽き天下を獲り損ねた男たちの汗と涙が染み込んでいる。

2010年代が巨人に残したもの

だが、平成も終わり、令和が始まった今、そんな巨人の状況も変わりつつある。2019年は育成出身の増田大輝（2015年育成1位、2017年7月支配下登録）が一軍で75試合に出場、代走の切り札としてチームトップの15盗塁を記録した。5年ぶりのリーグ優勝を決めた9月21日のDeNA戦で、延長10回に勝ち越しタイムリーを放ったのはこの叩き上げの苦労人・増田だった。

さらに2018年育成1位の山下航汰が、イースタンの打率・332で高卒ルーキーとしてはあのイチロー以来27年ぶりのファーム首位打者を獲得。早くも7月に支配下登録されると、一軍で初安打も放ってみせた。

そして、育成新世代の出現とは対照的に、2000年逆指名で巨人入りした阿部慎之助がプロ19年のキャリアに終止符を打った。

ちなみに1993年から導入され、2006年まで続いた逆指名ドラフトで巨人を逆指名した選手は延べ22名。そのうち、最後まで巨人で生き残り現役を続けていたのが阿部だった。プロデビュー戦の2001年開幕戦から10年連続開幕マスクを被った大黒柱。まさに松井秀喜と高橋由伸の後を継いだ、21世紀の巨人軍の象徴とも言える偉大な背番号10もバットを置く。これで、ついに平成巨人を支えていた「逆指名ドラフトの時代」が名実ともに終焉したのである。

ひとつの時代の終わりと始まり。2010年代の巨人が獲得したFA選手も次々と現役を退き、今は村田修一、杉内俊哉、片岡治大、相川亮二、金城龍彦といった面々がコーチスタッフとして若手を指導している。「元・育成の星」山口鉄也と松本哲也もいまやファームのコーチである。

長い時間が経ったのだ。

2010年代、若手の高い壁になり続けたFA移籍組が、今度はジャイアンツ球場で若手を育てている。さらに今オフには、元広島・丸佳浩の自主トレに同じ左打者の19歳山下が弟子入り。巨人からは初のポスティング制度での米ブルージェイズへ移籍が決まった元横浜・山口俊の沖縄自主トレには、2018年ドラフト6位右腕の19歳戸郷翔征が参加。

このFA組と投打のプロスペクト（有望若手選手）の組み合わせは興味深い。どんな仕事にも当てはまるが、その会社（球団）にずっといる先輩には気後れしてしまうが、同じ年上でも社歴の浅い転職してきたばかりの人になら色々と聞きやすいケースは多々ある。

「FA」と「育成」は、決して水と油ではなかったのだ。プロ野球のFA制導入から27年。気が付けば、令和の巨人で「FA組が期待の生え抜き若手を育てる」という球界の新たなサイクルができつつある。平成後期、この選手はいる、いやいらないとファンの間でも賛否を呼んだ……いや「否」の方が多かったあのFA戦線の数々。だが、2010年代の巨人の補強が正しかったかどうかの答え合わせは、まだ終わっていない。

今日も男たちの喜びや悲しみを全部乗せてグラウンドでドラマは続いていく。誰が勝ったのか、誰が負けたのか――。

すべては2020年代の東京ドームで証明されるだろう。

7. ジャイアンツの「ロスト・ジェネレーション」

「昭和のプロ野球」にとどめを刺した〝10・8〟

「少年野球で、高橋由伸さんに憧れて左バッターになる人がたくさんいて、僕もそのひとりでした」

テレビ朝日系列「GET　SPORTS」で2018年パ・リーグ新人王の田中和基（楽天）がそうコメントしていた。その田中と同じ1994年（平成6）生まれの大谷翔平も、子どもの頃は由伸に憧れていたのは有名な話だ。

巨人へFA移籍した丸佳浩は、初めてのプロ野球観戦は小学3年時の1998年8月4日巨人vs.広島で、当時ルーキーの背番号24がベテランサウスポー大野豊から本塁打を放った一戦だと「スポーツ報知」で述懐している。

「うーん、今の野球は知らないけど、あれ、巨人のふたり。そうマツイとタカハシ？小さい頃、お父さんが夜ご飯食べながら毎日見てたから、私もよく覚えてるよ」

いつだったか、やはり1990年前後生まれの綺麗なおねえさんと食事へ行ってプロ野球の話になると、彼女はそう言って笑ったのだった。同じくここ数年、仕事で20代の編集者と打ち合わせると、最初に記憶にあるプロ野球はテレビで観た松井秀喜や高橋由伸のホームランと答えるケースが本当に多い。幼少期の懐かしい風景として、リビングのテレビに映る巨人戦ナイターがあった時代。彼ら彼女らは、それを知る最後の世代になるだろう。

冒頭の田中や大谷が生まれた1994年といえば、あの巨人と中日のペナント最終試合での同率優勝決定戦、「10・8」が行われたシーズンである。翌1995年に野茂英雄がアメリカのメジャー・リーグ挑戦、オリックスのイチローは阪神・淡路大震災後に神戸復興の象徴として新時代の扉を開いた。ある意味、1995年から名実ともに「平成プロ野球」が始まり、同時に10・8決戦は「昭和プロ野球」が終わった日でもある。

ナゴヤ球場の夜空に背番号33の長嶋監督が舞った歓喜の胴上げ試合は、プロ野球中継史上最高の視聴率48・8パーセントを記録。以前、日本野球機構が現役の監督、コーチ、選手858人に調査したアンケート「最高の試合部門」でもぶっちぎりの第1位を獲得。ちなみに2018年サッカーロシアW杯の日本対コロンビアの視聴率は48・7パーセントだ。あの頃の巨人戦はまさに「国民的行事」だったのである。

もちろん主役はチームを率いる長嶋茂雄だ。投手陣には斎藤雅樹、桑田真澄、槙原寛己の三本柱がいて、攻撃陣には当時ハタチの松井、翌年引退する傷だらけのアイドル原辰徳、巨人へのFA移籍第一号となった落合博満と役者も絶妙なバランスで揃っていた。

なお、ライバル球団のヤクルトから広沢克己（現・広澤克実）とジャック・ハウエル、広島からサウスポー川口和久、大物メジャーリーガーのシェーン・マックと、1990年代の終わりなき補強路線を象徴する「30億円補強」を敢行したのはこのシーズン終了後のことだ。サッカーのJリーグブームや大リーグへの注目度が高まる中で、巨人はなりふり構わず勝ち続け、プロ野球人気と〝球界の盟主〟の地位を維持しようと考えた（もちろん巨人が勝つこと＝野球人気に繋がるという思考に賛否はあるだろうが）。

FA補強と逆指名ドラフト、ミスターは1993年オフからこの両制度をフルに活用しチーム作りに邁進する。レギュラー陣は松井と捕手の村田真一を除けば、ほとんどがFA選手と逆指名組と助っ人外国人で占められ、二軍から一昔前の中畑清や川相昌弘のような叩き上げの若手が出てくるケースは激減。時間をかけて育てるよりも、すでに育っている選手を獲りまくる。当然、選手の入れ替わりも激しくなる。それまでとはまったく違うチーム編成とバックグラウンドを持つ、新たな〝平成巨人〟の誕生だ。

皮肉なことに「巨人軍は永久に不滅です」と言った長嶋茂雄の手によって、ある意味「あの頃の巨人」は終わったのである。

〝伝統〟から自由な「ロスト・ジェネレーション」

そんな時代に新たに4番を張ったのは松井秀喜であり、入団してきたのが逆指名ドラフト組の高橋由伸、上原浩治、二岡智宏、仁志敏久、高橋尚成といった面々だ（ドラフト3位だが清水隆行も同世代）。1970年代生まれの彼らは、栄光のV9時代やON全盛期をリアルタイムで見ていない。そして、東京ドームのその先のアメリカでのプレーを目標と公言した最初の世代でもある。

実際にミスターと師弟関係にあった松井は伝統の巨人4番を、ポスティング制度でのMLB移籍を巡り度々フロントと衝突した上原や尚成はエースの座を自ら降りて、皆FAでメジャー・リーグを目指した。その少し前まで、FAで巨人主力がメジャーへ立て続けに流出するなんて事態は想像すらできなかっただろう。1980年代には、国内他球団へ出されるくらいなら引退を示唆する定岡正二のような選手も少なくなかったが、仁志は自らトレード志願でチームを飛び出したし、清水も二岡も最後は他球団で現役を終えている。

彼らの世代は、巨人に対して卑屈になることはなかった。いわば〝伝統〟から自由だった。言いたいことは球団側に物怖じせず伝え、自分の野球人生なんだからやりたいことをやる。そういう、ジャイアンツも特別な球団ではなく多くの選択肢のひとつ……的なスタンスが、時にG党からしたら寂しく感じたのも事実だ。

なんだかんだ言っても清原和博の球場人気が高かったのは、そこに「死にたいくらいに憧れた花の巨人軍」という背景があったからだろう。確かに2000年前後の清原とファンは、ある種のYGマークに対する過剰な思い入れをワリカンしていた。

思えば、1990年代中盤以降の日本社会はバブル経済が崩壊し、終身雇用が揺らぎ、老舗企業の倒産や自主廃業といったニュースも珍しくなかった。松井が1974年生まれ、由伸、上原、尚成は揃って1975年4月生まれだが、彼らの世代はそういう時代に学生生活を送り就活をしていたわけだ。一般的にこの世代は就職氷河期にあたる〝買い手市場〟である。しかし、逆指名ドラフトというのは、選手側の意志で就職先の球団を選ぶことができる、究極の〝売り手市場〟である。

愛社精神よりも、プロならいい条件を求めて転職も当たり前。組織じゃなく〝個〟としていかに生きていくべきか。そんな21世紀の到来。2002年に就任した原監督が掲げたスローガンが「ジャイアンツ愛」というのも、ある種の危機感の現れではないだろうか。

一昔前は基本的にアマチュア選手は、先を争い後楽園球場や東京ドームでプレーしたがる〝上から目線のジャイアンツ〟状態だったのが、逆指名ドラフトになると「どうぞウチに来てください」というスタンスにならざるをえない。

由伸は逆指名会見の直前までヤクルトと西武の争いと見られていたし、上原は大リーグのエンゼルス行きと巨人入りとで最後まで迷った。いわば、巨人から選ばれたのでなく、巨人を自ら選んだ男たちだ。それまでの球界の価値観やパワーバランスは彼らの出現によって良くも悪くも急激に変わった。自由かつ奔放なニュージェネレーション。

一方で2015年オフの高橋由伸の引退即監督就任は、続々とチームを去った失われた世代の責任をひとりで背負っているようにすら見えたのも事実である。

「ぼくが選手会の会長になったのは、松井さんがフリーエージェントでヤンキースに行くことになって、突然電話があったんですよ。『かくかくしかじかで巨人を離れることになった。だから、とりあえず次はお前がやれ』って。（中略）ところが、ぼくが選手会の会長になったとたん、急に（引用者註　球界再編で）動きが激しくなっちゃって。なんで俺がなったとたんにこうなんだよっていう思いは、正直ありましたね」（金子達仁『古田の様』扶桑社）

という由伸の言葉は、まるで歳の近い自由奔放な兄（松井）が家を出てしまい、稼業を継ぐはめになった真面目な弟（由伸）のような役回りだ。

残ったのは二岡だけ

２０２０年から巨人は阿部慎之助が二軍監督に就任。村田修一や杉内俊哉といった第二次原政権のＶ３に貢献した面々がファームの指導者として顔を揃えている。まさにＶ３時代に「阿部のチーム」と言われたメンバーが、そのままジャイアンツ球場に集結しているような状況だ。指揮官は１９７９年生まれの阿部、それをサポートする１９８０年代生まれの青年コーチ陣。

ちなみに原監督自身が現役引退した直後、将来的な指導者としての現場復帰を聞かれると、当時37歳の若大将は意外にもこんな言葉を残していた。

もしやるんだったら、ファームのコーチからでしょうね。まずドロまみれになって何かをつかまないと、選手の心もつかめない。きれい事じゃ始まらないわけですよ。選手時代の実績なんて、監督やコーチになったら関係ないですからね。まったく次元が違う。またその実績でメシを食えたり、勝てたりしたら、こんな楽なことはない（笑）」（「週刊ベースボール」１９９５年10月30日号）

だが実際はそんな悠長なことも言っていられず、現役引退から3年後の１９９８年秋の現場復帰は長嶋監督のもとで一軍野手総合コーチからのスタート。今となっては信じられないが、駆け出し指導者時代の原は人気面を期待された〝お飾りコーチ〟とマスコミから叩かれ、「とにかく自信満々だけどその根拠が分からない」なんて批判されていた。だから自分が経験できなかった、近年の球界の流れに沿った王道継承もまた良しの阿部二軍監督ゴーサインということだろうか。

61歳のタツノリと41歳の慎之助。その差、20歳。ふたりの現役生活はまったく被っていない。完全にひと世代、すっ飛ばしてしまったかのような急展開だ。

そして、誰もいなくなった。気が付けば、9年間で3度のリーグ優勝、二度の日本一に輝いた平成の長嶋政権時代にデビューしたスター選手たちで、現在もグラウンドに残るのは三軍総合コーチの二岡くらいである（現在一軍ヘッドコーチを務める元木大介のプロデビューは藤田元司監督時代の1992年4月）。

この状況には率直に、もったいないな……と残念でならない。21年前、雑草魂・上原がプロデビューした1999年、まだ巨人戦ナイターが当たり前のように全試合地上波テレビ中継され、娯楽の王様として圧倒的な説得力を持っていた世紀末。テレビ画面の向こう側では、25歳のゴジラ松井が自身初の40本台クリアとなる42本塁打を放ち、メンズブランド「ゴルチエ・オム・オブジェ」のCMに抜擢された24歳の由伸も打率・315、34本、98打点でベストナインとゴールデングラブ賞を受賞し、ルーキー上原は20勝を挙げて投手タイトルを独占した。

そんな新世代の若き男たちが躍動した1999年シーズンの年間平均視聴率は「20・3パーセント」。なお巨人戦視聴率が平均20パーセントを越えたのはこの年が最後だ。いわば、世間の人々のほとんどが顔と名前を知る、地上波中継時代最後のスーパースターが彼らなのである。

時代は動き続けている。2019年の巨人ドラフト1位右腕・堀田賢慎（青森山田高）は新人合同自主トレの初日に「大リーグに挑戦できるような投手になりたい」と将来的なメジャー移籍の夢を堂々と公言し、「日米通算200勝」の目標を掲げた。ここが安住の地ではなく、あくまで通過点。巨人のドラ1が野球人生最大の目標だった時代は完全に過去になりつつある。

もちろん先人たちが築き上げてきたチーム85年の歴史も継承しつつ、個人ベースでは、リアルな大リーグに追いつき、追い越せへ。そういう令和のハードボイルドな球界だからこそ、地上波全盛時代の巨人とメジャーでの両方のプレー経験がある指導者は貴重なのではないだろうか。

今、長嶋巨人と原巨人の歴史はある意味、断絶している。1990年代中盤から2000年代初頭にかけて一時代を築いた「ジャイアンツ・ロスト・ジェネレーション」は、いつか東京ドームへ戻って来るのだろうか?

そのキーマンは、やはりニューヨークにいるあの男の気がしてならない。

8．クロマティの幻影――平成の巨人助っ人

最強の〝生え抜き〟助っ人は？

「バースの再来」

いまだに阪神タイガースに新外国人選手がやってくると、関西のスポーツ新聞ではそんな見出しが一面に躍る。確かに二度の三冠王に輝いたランディ・バースは伝説のプレーヤーだが、チームに在籍していたのは１９８３年から１９８８年の昭和末期なので、もう30年以上前の選手だ。例えば乃木坂46のメンバーを、松田聖子の再来とか中森明菜二世と称して盛り上がっているようなものである。その時間の止まり方は異常だ。

だが、実は巨人の場合も似たような状況にある。

巨人がスカウトした自前の外国人野手で在籍中に30本塁打以上を放ったのは１９８６

年のウォーレン・クロマティ（37本）が最後だ。
・ロイ・ホワイト29本（1980年）
・レジー・スミス28本（1983年）
・ジェシー・バーフィールド26本（1993年）
・デーブ・ジョンソン26本（1976年）
・ロイド・モスビー25本（1992年）
・ギャレット・ジョーンズ24本（2016年）
・ホセ・ロペス22本（2014年）
・シェーン・マック22本（1996年）
・ゲーリー・トマソン20本（1981年）
といった懐かしい名前が並ぶが、実は85年以上の長い球団史において、巨人から日本のキャリアを始めた外国人スラッガーで年間30発放ったのはこのクロマティしかいない。

1989年（平成元年）には、球団歴代最高打率・378をマークして、平成最初のセ・リーグMVPを受賞。在籍7年間で通算951安打、打率・321、171本塁打と素晴らしい成績を残したクロウがチームを去った1990年代以降は、すでに日本球界で実績のある助っ人を獲得するFAの延長線上にあるような巨大補強時代に突入する。ジャック・ハウエル（元ヤクルト）、ドミンゴ・マルティネス（元西武）、ロベルト・ペタジーニ（元ヤクルト）、タフィ・ローズ（元近鉄）、ジョージ・アリアス（元オリックス・阪神）、李承燁（元ロッテ）、アレックス・ラミレス（元ヤクルト）ら他チームの助っ人大砲の獲得が続いた。

いや野手だけではなく、投手もえげつない補強だった。2009年の原巨人は7年ぶりの日本一に輝くが、このシーズンのMVPは144試合すべて4番に座り、31本塁打、103打点のラミレス、投手陣はディッキー・ゴンザレス（元ヤクルト）がチームトップの15勝、セス・グライシンガー（元ヤクルト）は13勝、抑えは27セーブを挙げたマーク・クルーン（元横浜）が務めた。つまり、4番打者、エース、クローザーとすべて他球団から獲得した助っ人選手が担ったわけだ（ついでに言えばラミレスとの〝オガラミコンビ〟で、1968年の〝ON砲〟14度を超える、球団記録のシーズン15度のアベックアーチを放った小笠原道大も日本ハムからのFA移籍組だ)。

昭和球界では不可能だった強引な補強が可能になった時代。平成元年の「週刊新潮」1989年12月21日号には「ブーマー巨人入団の噂で浮足立った原」という記事が掲載されているが、「巨人のヒラノから電話がかかってきて、〝うちなら、君の要求額が出せるんだが〟と言っているんだ」とクロマティを日本に連れてきた敏腕通訳の平野渉外担当の名前が登場するものの、最終的にオリックスとのトレード交渉はまとまらずブーマー移籍は実現しなかった。

要は1980年代までは常識の範囲内だった補強が(ドラフト会議では「空白の1日」という禁じ手はあったものの)、1990年代中盤から2000年代にかけて、口うるさい大御所OB(川上哲治ら)が評論の第一線から退くにつれ、フロントの後押しを受けた長嶋監督のタガが外れ歯止めがきかなくなった印象すらある。

この流れは他球団ファンだけでなく、一部の巨人ファンすらドン引きさせて、補強そのものを毛嫌いする〝若手原理主義〟的なファンも生み出してしまう。また読売がやりやがった的な仁義なき引き抜き路線は、野球ファン同士の会話で「俺、巨人ファンです」とカミングアウトするのにちょっと勇気が必要だった時期と被る。

そういえばライターになりたての頃、12球団のファンが集うイベントに巨人担当ゲストとして呼ばれて参加したら、何か発言すると一部の観客から「まあ何をやっても許される大正義巨人軍ですから」なんつって突っ込まれ、あるいは嘲笑され、G党だけじゃなくこのアンチ層をも取り込む、こういったハードな状況から逃げないことが巨人を書くということなんだなと痛感した。

「助っ人も育てる」新路線

話を助っ人論に戻そう。

もちろん失敗ばかりではなく、投手では1996年最多勝を獲得した〝カリブの怪人〟バルビーノ・ガルベスや、美人妻ローレンさんが球場で会えるアイドルとして人気となり、2017年に14勝を挙げメジャー復帰後は最多勝に輝いたマイルズ・マイコラスと当たり助っ人も連れて来ている。8シーズンで421試合に投げまくり、外国人歴代最多の174ホールドを積み重ねたスコット・マシソンの活躍も記憶に新しい。

しかし野手のスカウトには長年苦労しており、アウトカウントを間違えてボールをスタンドに投げ入れた珍プレー以外思い出せないクリス・レイサムや、代打で三振したことに不貞腐れクラブハウスへ無断で帰ってしまう〝三振バックレ事件〟を起こしたラスティ・ライアルとか、想像を絶する拙守で〝あ〜守乱シスコ……〟なんてスポーツ新聞も呆れたホアン・フランシスコと失敗続き。

ようやく2013年入団のホセ・ロペスが、巨人では1995年のマック以来、自前外国人選手の1年目として18年ぶりの規定打席に到達、さらに来日初年度では球団助っ人史上初の打率3割クリア。しかし、阿部慎之助の一塁転向に伴い放出されると、移籍先のDeNAでのちにシーズン打率3割、30本塁打、100打点を記録するなど長年にわたり主軸として活躍する編成ミスもあった。

2014年には未知なるキューバルートに活路を見出そうとした時期もあったが、〝キューバの至宝〟ことフレデリク・セペダはすでに30代中盤で日本野球にまったく適応できず、若手のエクトル・メンドーサやホセ・ガルシアは大きな期待をされて来日するも巨人と契約解除した直後にアメリカへ亡命するという問題を起こし、愛と幻想のキューバルートはわずか数年で終わりを告げた。

結局、近年はケーシー・マギー（元楽天）、ルイス・クルーズ（元ロッテ）、アレックス・ゲレーロ（元中日）と懲りずに他球団で実績のある選手をかき集める路線に戻ってしまったわけだが、今季は異変が起きた。

２０２０年に巨人に在籍する外国人枠登録選手は計9名（育成2名含む）で、そのすべてが巨人から日本のキャリアを始めているのだ。いわば平成ジャイアンツの代名詞だった、他球団の主力を張っていた助っ人選手がひとりもいない。ゼロだ。これは事件である。

令和初の春季キャンプの主役は、昨季メジャー・リーグのナショナルズでワールドシリーズ優勝メンバーのヘラルド・パーラではなく、育成選手のイスラエル・モタだった。ドミニカ出身で24歳のモタは入団テストに一度は落ちるも、浪人生活の末に2度目のチャレンジで合格した苦労人。２０１９年は三軍戦で鍛えられた逸材は、2年目は紅白戦からアピールを続け、原監督からキャンプＭＶＰに選出される。今のチームには貴重な規格外のパワーとガツガツしたハングリーなプレーは異端の存在で、2月末に背番号44

と年俸550万円の支配下登録を勝ち取った。

しかし、2月29日のヤクルト戦（東京ドーム）での豪快な一発の後は8打席連続三振に22打席無安打（その後左太もも裏の肉離れが判明）と良くも悪くも話題の中心にいる。なお、2019年に8勝を挙げ5年ぶりVに貢献したC.C.メルセデスも、同じくドミニカ出身の元育成選手で今季年俸は1100万円だ。

格安助っ人を育てるなんて巨人らしくない……。いや、近年の他球団で活躍した外国人選手を追う、ありふれた〝巨人らしさ〟を捨てるための若いドミニカ人選手の抜擢ではないだろうか。

あのクロマティも66歳となり、昭和ノスタルジーの中じゃなく現実のアドバイザーとして戻ってきた。第74代4番打者のラミちゃんだって、DeNAの監督姿が板についてもう完全に倒すべき敵だ。

ようやく偉大なクロウの幻影を追い、頼れるラミレスの再現を狙ったこの30年間の巨人助っ人補強戦線が終わりを告げた。この戦いからの卒業。それは、とどのつまり、巨人にとっての「平成」が終わったことを意味するのである。

第二部　誰が令和の巨人軍を背負うのか

1．「異端のスペシャル・ワン」坂本勇人

伝統に負けない〝軽さ〟

衝撃的な光景だった。

目の前でプロ野球界最高峰の戦いが行われているのに、ヤフオクドーム（現・ペイペイドーム）の内野席では、スマホやタブレットでラグビー中継を見る観客の姿が目立った。2019年10月20日、ソフトバンクvs.巨人の日本シリーズ第2戦と同時間帯に、ラグビーワールドカップ日本大会の準々決勝・日本vs.南アフリカが行われていたのである。関東地区ではラグビー日本戦中継が視聴率40パーセント超え、日本シリーズはわずか7・3パーセントの惨敗である。令和の日本の日常に、もう国民みんなで共有する「あの頃の巨人」は存在しないとあらためて痛感させられる出来事だった。

2019年CSでの「スペシャル・ワン」坂本勇人（提供：読売新聞社）

さて、そういう時代に巨人のど真ん中で主力を張るのがキャプテンの坂本勇人である。

１９８８年12月生まれの31歳。２０１９年は巨人生え抜き右打者初の40本塁打を記録して５年ぶりＶの原動力となり、自身初のＭＶＰ獲得。セ・リーグの遊撃手で11度の二桁本塁打は過去に坂本しか打っていない。

同じく２０１９年はシーズン14度の１試合３安打以上の猛打賞を記録したが、「報知記録室」によると通算１５０度を超えるのは巨人では川上哲治、長嶋茂雄、王貞治に次ぐチーム４人目の快挙だ。現在１８８４安打と立浪和義が持つ33歳10か月のセ・リーグ最年少２０００安打の更新も確実視されている。さらにあと１２２試合で遊撃手出場試合数の歴代1位の記録を更新する。

記録を追うだけでも破格の選手であることは一目瞭然だ。もはや長い球史でも伝説的な選手になりつつある。まさに〝スペシャル・ワン〟である。それでも、背番号6はいまだにいい意味で軽い。多くの選手がそのプレッシャーに押しつぶされた巨人の伝統の重さにも負けない、軽さだ。

今オフにジャイアンツ球場で自主トレをする様子が報じられたが、坂本は笑顔でヤンキースの帽子を被りながら体を動かしていた。例えば松井秀喜が巨人在籍時に同じことをやったら結構な騒ぎになっていただろうし、高橋由伸がヤンキースの帽子を被りランニングしている姿も想像できない。坂本勇人の軽さ、どれだけ凄まじい成績を残しても消えない一種の自由さは貴重である。

思えば、坂本は特殊な立ち位置の選手だ。これまで巨人の歴代スーパースターと言えば、長嶋茂雄、王貞治、原辰徳、ゴジラ松井、慶応のプリンス由伸とアマ球界からのスター選手が多かった。江川卓や桑田真澄にしても甲子園を沸かせたスターだ。

しかし、坂本はドラフト1位入団だが、堂上直倫（中日）の外れ1位で、光星学院

(現・八戸学院光星)時代はセンバツ甲子園出場もチームは一回戦で敗退するなど一般的にはほぼ無名の存在だった。青森の高校から来た関西出身のやんちゃな兄ちゃん。正直、背番号61を与えられた内野手に対する入団直後の期待や注目度は、2年後輩のドラ1で背番号55を託された大田泰示(現・日本ハム)の方が遥かに高かったように思う。しかも一軍デビュー直後、坂本の定位置は8番打者だった。すぐ中軸を担った松井や由伸とは対照的なスタート。プロのキャリアの始まりから、これまでのジャイアンツスターの系譜では異端の存在だ。

読めない内面、謎の私生活

だから、当初はファンの間でも賛否両論だった。

著者が「プロ野球死亡遊戯」というブログを運営していた頃、ストーリーの柱になる選手として、過去を有り難がるなら今もリスペクトしなきゃフェアじゃないと、坂本の才能はスペシャル・ワンで、「伝統のビッグクラブの正遊撃手を務める走攻守揃ったチャンスに強いクラッチヒッターとして、名門ニューヨーク・ヤンキースで一時代を築いたデレク・ジーターの日本版になれる」存在だと書き続けた。そうすると、コメント欄は「打撃は軽いし守備は粗い。夢みたいなことを書くな」という批判的な意見も目立った。東京ドームへ行けば、チーム屈指の人気を誇る遊撃手の前任者・二岡智宏のユニフォームを身につけたファンが、坂本をしつこく野次る光景を目撃したこともある。

それでも、坂本は逃げずにその賛否が飛び交うステージに立ち続けた。初めて開幕スタメンに名を連ねた2008年、19歳の坂本はオープン戦15試合から、ペナント144試合、夏のオールスター2試合、秋のクライマックスシリーズ4試合、日本シリーズ7試合までの「計172試合」すべてに出場してみせた。心身ともに恐ろしくタフな10代だ。

当時から不思議な選手だった。どれだけ派手なエラーをやらかしても、悲愴感は感じられない。やんちゃな今風のキャラの反面、愚直にフル出場を続けるどこか昭和の香り漂う男。

そういえば、今も坂本は自身の「Twitter やインスタをやっていない。野球選手もファンにSNSでプライベートを見せる時代に、坂本の私生活は謎に包まれている。数年前まで写真週刊誌にちょくちょく撮られていたが、関係者によると30代を迎え夜の街で飲むことも以前より減っているという。

さらに各球団の主力選手はこぞってメジャー・リーグを目指す時代に、坂本は2019年から巨人と5年契約を結んだ。しかも21年までの3年間は年俸5億円の固定制だ。

記者会見での「メジャーに対しての気持ちも持っていますけど、自信もないし、たぶん、無理やなと。日本で細々と頑張ります」(「サンスポ」2019年12月7日付)という発言は照れ隠しもあるのだろう。どこか物足りなさと寂しさも感じたが、事実上の生涯巨人宣言。欲がないというか、やはり一貫して新しさと古さが同居する坂本のキャラはいまだに読めない。松井があらゆるものを捨てて断固たる決意で海を渡ったのとは対照的な野球人生である。

今後、若手有望プレーヤーのメジャー志向はさらに高まるだろうし、NPBだけで通算3000安打を期待されるような選手は坂本が最後になるかもしれない。

令和のスーパースターの使命とは？

早いものでプロ14年目を戦うキャプテン。春の沖縄キャンプでは、原監督がオーバーアクションの顔芸で獅子舞に噛まれるのが恒例行事になっているわけだが、今年は初めて坂本の背中を押した。やたらと嬉しそうに笑顔で頭をガブリと噛まれるキャプテン。タツノリが引退時に言っていた「巨人軍独特の何人も侵すことのできない聖域」って獅子舞に噛まれることだったのか……じゃなくて、２００８年の19歳での開幕スタメンから、12年後の２０２０年に「お前さんも立派な男になった」的な原監督なりの坂本へのリスペクトではないだろうか。

第二次原政権は阿部慎之助のチームだった。それが第三次原政権は押しも押されもせぬ「坂本のチーム」である。新旧ジャイアンツスター獅子舞揃い踏みは、まさにそれを象徴するかのようなシーンだった。

令和の巨人の顔。はごろもフーズのテレビＣＭに起用され、白いシャツ姿で糖質50パーセントオフの「ポポロスパ　カーボフ」を頬ばる姿も話題に。アスリートだけでなく若者にも人気の創業１００周年を迎えるヘッドウエア＆アパレルブランド「ニューエラ」とは、プロ野球界で初めてアンバサダー契約を結んだ。今村球団社長は「どんどんテレビCMに出て、知名度、スター性を再構築することが大事。球場はもちろん、社会全体にプロ野球、野球を落とし込めるかが大事」（「日刊スポーツ」2019年10月1日付）とコメントしたが、今、坂本に託されるのはジャンルの入口、いわば「巨人の入口」の役割だ。

その昔、オヤジたちは子どもの頃に長嶋や王に憧れて巨人ファンになったたし、自分たちは原や松井がそういう存在だった。そして、今は坂本がその役割を担っている。40発を打てるショートストップ。球場で見るその男は繊細で大胆で時に軽くて、誰よりも自由だ。その球場映えするプレースタイルとフォルムは野球ビギナーの子どもや女性にも魅力が伝わりやすい。技術は時間とともに習得できても、プレーの華やスター性というのは練習で身につけるのは難しい。

「似た背格好の選手を100人集め、全員真っ白なユニホームを着させて練習させても『あれが坂本』と誰でも見分けることが出来ます。どこにいても一目で分かる。それがセンスと雰囲気です」（「スポーツ報知」2019年5月30日）

担当スカウトだった大森剛は高校時代の坂本をそう評したが、見られることが仕事のプロのアスリートにとって「かっこよさ」は重要な才能なのである。背番号6の存在をきっかけに、巨人に興味を持たせる。最初の壁を乗り越えてもらう。それが地上波ナイター中継が激減した時代の最初のジャイアンツスーパースターの使命ではないだろうか。

これまでの巨人の王道の文脈以外から登場した選手が、新たな時代の巨人の王道を継承する。そんな役割は重すぎる？　いや、坂本勇人ならこれまでと同じように軽やかに飄々と、その重さに負けず「令和の巨人軍」を背負っていくことだろう。

2.「愛と幻想のエース」菅野智之

「エースはドラ1」という鉄則

あの頃、野球漫画の主役は巨人軍で投げていた。

昭和の『巨人の星』や『侍ジャイアンツ』、平成初期の『ミラクルジャイアンツ童夢くん』と漫画やアニメでも少年たちは巨人のユニフォームを着てマウンドへ上がった。主人公は変われど、主役はいつもYGマーク。ちなみに『キン肉マン』の名前は江川卓から取ったキン肉スグルだ。圧倒的な人気と知名度を誇る全国の野球少年たちの憧れ。それが、〝巨人のエース〟である。

ドラフト制導入の1965年から始まったV9時代を支えた堀内恒夫。昭和の怪物・江川卓。11連続完投勝利の斎藤雅樹。その平成の大エースは桑田真澄や槙原寛己と三本柱を形成して、1994年の〝10・8決戦〟を3人で投げ抜き球史に名を刻んだ。1999年にはルーキー上原浩治がいきなり20勝を挙げ、世代交代を成し遂げ21世紀に突入。プロ入り前から強いメジャー志向を公言した上原はWBCや五輪の国際舞台にも滅法強い新世代のエースだったが、MLB移籍後は内海哲也が2年連続最多勝と第二次原政権を支え、やがて菅野智之の時代がやってくる。

こうして、駆け足で巨人の歴代エースを振り返ってみても挙がる投手の名前は全員ドラ1組で、無数の夢と野望の屍の上に君臨する「巨人のエースはドラフト1位」という事実にあらためて驚かされる。

なお1980年代の巨人ドラフト1位リストを見ると興味深い。1980年の原辰徳（東海大）以降、翌年から立て続けに高校生投手を指名。

・1981年槙原寛己（大府高）
・1982年斎藤雅樹（市立川口高）
・1983年水野雄仁（池田高）
・1985年桑田真澄（PL学園）

・1986年木田優夫（日大明誠高）
・1987年橋本清（PL学園）

このように、のちに投手王国を築く面々をことごとく1位指名している（なお1984年は慶応大学の内野手、上田利明）。

「『エースと四番は育てられない』（中略）いつの時代でも、どこのチームでも、真のエースと四番と呼べる選手は、その役割を期待されて即戦力で入ってきた選手か、ほかの球団でそういう存在になってから移籍してきた選手ばかりである」（『あぁ、阪神タイガース――負ける理由、勝つ理由』角川oneテーマ21）と野村克也氏も自著で書いたが、セ・リーグ各球団の2020年シーズン開幕投手予想を見ても、DeNA・今永昇太（2015年1位）、広島・大瀬良大地（2013年1位）、阪神・西勇輝（FA移籍）、中日・大野雄大（2010年1位）、ヤクルト・石川雅規（2001年自由獲得枠）とドラ1とFA組がズラリと顔を揃える。まさにこのノムさん的な価値観を長年にわたり徹底してチーム作りを行ってきたのが巨人というわけだ。

〝タツノリの甥っ子〟から日本を代表するエースに

近年は菅野を中心に助っ人のマイルズ・マイコラスやFA組の山口俊と二本柱を形成する形が続いたが、彼らの相次ぐメジャー移籍により、2020年シーズンは韓国リーグで昨季17勝の実績がある新外国人投手のエンジェル・サンチェスにダブルエースの期待がかかる。内海とともにV3に貢献した杉内俊哉の現役引退で2019年から背番号18を背負った菅野だが、すでに地上波ナイター時代が終わり、その投球を世の中で見られる機会こそ少ないが、令和のエースは歴代エースと比較しても見劣りしないどころか、球団史上屈指の安定度と言っても過言ではない。

2013年から7年間で通算87勝。最多勝2度、最優秀防御率4度、最多奪三振2度、沢村賞2度、MVP1度で通算防御率は脅威の2・36だ。

あの平成唯一の2年連続20勝を達成した斎藤ですら通算防御率2・77なので、その規格外のポテンシャルを実感する。2018年のシーズン8完封は、1978年の鈴木啓示（近鉄）以来、40年ぶりとなる快挙。昭和の300勝投手のアングルを現代にも持ち込む堂々たるスーパーエースぶりである。2019年は腰痛に苦しみながらも、終わ

2．「愛と幻想のエース」菅野智之

2019年８月、広島戦に登板する不動のエース・菅野智之（提供：読売新聞社）

ってみればチーム２位の11勝を挙げ５年ぶりのリーグＶに貢献。あの満身創痍の状態でなんだかんだ二桁勝ってみせる。あらためてその存在の大きさを証明してみせた。

巨人は菅野が初めての開幕投手を務めた２０１４年以降、チームのひとつのサイクルが終わり高齢化が進んでいた。２０１４年はクライマックスシリーズ（以下ＣＳ）ファイナルステージ敗退（リーグ１位）、２０１５年ＣＳファイナルステージ敗退（２位）、２０１６年ＣＳファーストステージ敗退（２位）、２０１７年は球団ワーストの13連敗を喫し、11年ぶりのＢクラス転落（４位）……。いわば、２０１２年の五冠達成（交流戦、ペナントレース、クライマックスシリーズ、日本シリーズ、アジアシリーズ完全制覇）をピークに徐々に弱体化するチームで、孤軍奮闘しながら新たにエースを張ったのがこの男だったわけだ。

今となっては信じられないことに、プロ1年目のローテ入りや初の開幕投手に抜擢された直後は、原監督の甥っ子だから贔屓されていると一部ファンからやっかみ半分の突っ込みがあったし、2015年春発売の『プロ野球死亡遊戯　そのブログ、凶暴につき』（ユーキャン）でインタビューした際も、「学生時代はどんなにいいピッチングをしても必ず新聞には原監督の甥っ子って大きく出ていて、ちっちゃく菅野って書いてある。それは本当に嫌だった。悔しいというより嫌だった」なんて苦笑いしながら悩める思春期の本音を語っていた。

選ばれし者の恍惚と不安と二つ我にあり——。菅野のプロ7年間は批判も嫉妬もそのすべてを己の腕一本で黙らせ、認められてきた戦いの歴史でもある。タツノリの甥っ子はやがて日本を代表する投手に。侍ジャパンの常連となり、2017年WBCで準決勝のアメリカ戦に先発したのは、当時27歳の巨人のエースだった。

「巨人の菅野」に残された時間

今のプロ野球選手が『巨人の星』ではなく漫画『ＭＡＪＯＲ』を読んで育ったように、時は流れ、あらゆるものは変わったが、「巨人のエース＝日本のエース」というもはや懐かしささすら感じるストーリーを、ノスタルジーの中ではなく、現在進行形で続けている菅野の存在は本当に貴重だ。

もちろん、巨人ファンとしてその存在は誇らしくもある。同時にだからこそ今は、少し複雑な気分だ。２０１９年オフ、ついに球団史上初めて山口俊がポスティング制度でのメジャー移籍を実現させた。ＦＡ入団時の契約条項のひとつに入っていたとはいえ、ついに時は来たという印象だ。一昔前のように球界の盟主だと意固地にならず、ジャイアンツも変化を受け入れたのだろう。「巨人軍はアメリカ野球に追いつき、そして追い越せ」という、かの有名な巨人軍憲章も過去のものになりつつある。

菅野自身は２０１７年オフの報知プロスポーツ大賞の表彰式で「これから3、4年ありますが、絶対的な力をつけて文句なく行けるようにしたい」とメジャーへの夢を語ったが、その「3、4年後」がもうじきやってくる。

山口寿一オーナーはポスティングについて「今後、個別に検討していく余地は出てくるのかなと思っております」と語り、「菅野の場合はドラフトで1年待ってジャイアンツに来てくれた。1年を棒に振っているわけですよね。その分、海外FA権を取得する時期も後の方にずれているという事情はある」(「サンスポ」2019年11月27日付)と
2011年に日本ハムのドラフト1位指名を受けるも入団せずに1年浪人した経緯に触れた。順調に行けば、2021年シーズン中に海外FA権を取得予定。早ければ今オフにポスティングでのメジャー移籍が有力視されている。

菅野は1989年10月生まれの30歳、アスリートとしては高いレベルで新たな挑戦をするなら1年でも早く海を渡りたいと思うのも当然だろう。もはや日本球界でやり残した個人記録は年間20勝ぐらいしかなく、ファンもチームにこれだけの貢献をしてくれたエースに対して快く送り出したいという声が多いし、個人的にMLBの猛者たちを相手に投げる背番号18がどこまで通用するか見てみたい。

だが、一方で菅野がメジャー移籍を選択したら、ついに伝統の「巨人のエース」の系

譜が途切れる恐れのみならず、仮に今の先発陣に菅野がいなかったら……と考えると、球団史上最弱のローテになってしまいそうだ。

近年はＦＡ戦線でも、巨人は鈴木大地（楽天）や美馬学（ロッテ）の獲得に手を挙げるもパ・リーグ球団に争奪戦で敗れるなど苦戦を強いられており、ドラフトの抽選は9連敗と目玉選手を逃し続けている。さらに2015年1位の桜井俊貴は右肘違和感、2016年2位の畠世周は右肘手術、2017年1位の鍬原拓也は右肘違和感、2019年1位の堀田賢慎は右肘内側側副靭帯再建手術と毎年のように入団直後の上位指名投手たちを故障が襲う。クジ運はどうすることもできないが、怪我の多さについてはスカウトの事前調査不足と指摘されても仕方がないところだろう。

誰もが認める継承者が現れる前に迫り来る、〝スガノ・ロス〟。仮に流出となれば、その穴はすでに抑え起用も増えていた上原のメジャー移籍時より、チーム編成上において遥かに大きい。近い将来、巨人は長年スーパーエースに依存し続けた代償をどこかで払うハメになるかもしれない。

次のエースは誰だ⁉

近未来のエース不在の恐怖に怯えながらも、一方でもうひとつの巨人の伝統の復活にも期待したい。エリート軍団でも稀にドラフト下位指名からローテの中心投手へと成り上がる若手もいる。そう、かつての西本聖のように。高卒の１９７４年ドラフト外からそのキャリアをスタートさせ、同期のドラ１で甲子園のアイドル定岡正二に負けるものかと猛練習を重ねプロ3年目には1軍定着。１９７９年に鳴り物入りで入団した怪物・江川を一方的にライバル視して食らいつき、１９８１年は18勝で沢村賞を獲得するなど、4度の開幕投手を務め１９８０年代の二本柱と称された男だ。

江川・西本時代の前は、第一次長嶋政権で2年連続18勝を挙げながら、〝空白の1日〟事件に巻き込まれ阪神へ移籍した小林繁もドラフト6位入団である。最近では２００４年ドラフト7位の東野峻が活躍期間こそ短かったが、２０１０年に13勝を記録し、翌２０１１年には開幕投手に抜擢された。時にそんな叩き上げの男たちが巨人を活性化させてきたのである。

今のメンバーでは、２０１８年ドラフト6位右腕の戸郷翔征がその役割を期待されている。2019年は高卒新人右腕としては異例のリーグ優勝のかかった一戦でプロ初登板となる先発マウンドへ。150キロを連発して5回途中2失点と結果を残すと、さらに阿部慎之助の引退試合やソフトバンクとの日本シリーズでも登板した。

2020年春には宮本和知投手チーフコーチも「高卒2年目がこうやって堂々たるマウンドさばきをしてくれると球団的にも夢がある。彼はいずれ日本を出ていくくらいの選手に育ってもらいたい。そうするには今年1年タイトルを狙うところまで成長を期待したい」（「スポーツ報知 巨人取材班 Twitter」）なんてその素質を絶賛。わずか一軍登板数2試合で背番号68から13へステップアップした、2000年生まれのニュージェネレーションが新時代の扉を開くのだろうか？

もちろん菅野が巨人に残って投げ続けるというのなら、近年の日本球界では古すぎて新しい通算200勝達成も楽しみだ（NPB単独では2008年の山本昌が最後）。だが、松井秀喜が巨人の4番の向こう側を目指したように、菅野智之も巨人のエースのその先に旅立つ日は近いのかもしれない。

これまで原政権は長嶋監督から引き継いだ上原、堀内監督が育てた内海、大学時代から図抜けていた超即戦力の菅野と常に生え抜きエースに恵まれてきた。いわばイチから、いやゼロからエースを作るのは百戦錬磨の名将・原監督にとっても未知なる挑戦になるわけだ。

数年後、我々は菅野の次のエースに偉大な過去の幻影を重ねるか？　それとも輝かしく新しい未来を見ることができるのだろうか？　愛と幻想の巨人エース論は令和も終わりなく続いていく。

3．そして亀井だけが残った

その背中に見た希望

坂本勇人、菅野智之、丸佳浩、岡本和真、そして亀井善行。

手元に巨人の2020年シーズンシートの広告がある。メインビジュアルで最も写真が大きく使われているのは、もちろんキャプテン坂本、中心にはエース菅野、そして左右には3番丸と4番岡本のクリーンナップと納得の人選だが、驚いたのはそこに今年38歳になる亀井がいたことだ。まるで同じく1982年生まれの深田恭子の2020年カレンダーが、若いグラビアアイドルのカレンダーと一緒に店頭に並べられるレベルの快挙である。82年組の亀ちゃんと深キョンが生き残った令和2年のリアル。

2019年は主に1番を打ち、131試合で打率・284、13本塁打の成績を残し、プロ16年目でついに年俸1億円を突破。背番号9は阿部慎之助の現役引退で中島宏之とともにチーム最年長野手となった。恐らく、多くのG党にとっても亀井は特別な選手ではないだろうか。

中央大学からドラフト4巡目で指名されたのは2004年秋。あの低迷していた堀内政権、真っ只中だ。第一次原政権があっけなく終わり、巨人がいびつな補強を繰り返していた迷走期。「3番タフィ・ローズ、4番小久保裕紀、5番ロベルト・ペタジーニ」のクリーンナップにファンが感情移入するのは難しかった。

松井秀喜が去り、高橋由伸も徐々に怪我がちとなり、まるで長嶋巨人の抜け殻のような史上最強打線。坂本勇人や長野久義はまだ入団前、そんなどん底のチーム状況から這い上がろうと必死にプレーしていた若手が、当時20代前半でドラフト下位指名組の亀井や矢野謙次である。多くのファンはその背中に何かを見た。大袈裟に書けば「希望」とか「未来」みたいなものだ。

亀井の一軍デビュー戦は２００５年７月９日の広島戦。当時は背番号25をつけ、翌２００６年６月29日の横浜戦でプロ初本塁打を放ったが、相手投手は18歳の山口俊である。まさかそのふたりが十数年後にともにジャイアンツの５年ぶりＶに貢献するなんて誰も予想だにしなかった。

その使い勝手の良さから徐々に出番を増やし、２００９年の覚醒は今でも語り草だ。春に第２回ＷＢＣの日本代表に選出され、あのイチローからも「亀井っていい選手ですね。守備もバッティングも。チームにいてくれたら助かる選手です」（「日刊スポーツ」）と絶賛された亀井は、原巨人の５番打者として定着。この年から背番号９を背負う27歳はサヨナラ弾３発を含む25本塁打を放ち、守っては外野手でゴールデングラブ賞を獲得してチームは日本一に。ショートを守るハタチの坂本、育成出身で２００９年新人王の松本哲也、そしてドラフト４位から這い上がった亀

2017年、涙のサヨナラ本塁打を放った亀井善行（提供：読売新聞社）

井ら若い力はまさに新しいチームの象徴でもあった。

だが、翌2010年に同じ外野手で長野久義という即戦力のドラ1ルーキーが入ってくる。走攻守三拍子揃った背番号7は1年目に新人王、2年目に首位打者、3年目に最多安打と瞬く間に中心選手に。なお長野の入団から5年間の通算安打数767安打は、日本人選手としては長嶋茂雄や青木宣親を抑えてNPB歴代最多記録である。

そんな強力な同世代のライバルの出現に加え、亀井は打撃不振に加え度重なる怪我にも悩まされ、内野に挑戦したり、義行から善行へ登録名を変更したりと迷走期に入ってしまう。2012年は60試合で打率・236、2013年は86試合で打率・257、気が付けば30歳を超えていた。

中堅サラリーマンの鑑

抜群の野球センスを持ちながら故障に泣き、歳を重ね、だんだんと出番を失っていく。そんな野球選手をこれまでも多く見てきた。もちろん本人にも危機感はあったのだろう。2014年には69試合の出場に終わり、FA宣言しようか悩みに悩んだという。32歳のプロ野球選手。環境を変えるならギリギリの年齢だ。

そこで亀井は上司の原監督に相談へ。練習中に話し合い、その数時間後に巨人残留を表明する。監督に「もうひとり亀井が欲しい」と言わしめる、類い稀な器用さを持つなんでもできる男。だが、皮肉なことになんでもできすぎてしまうから起用法が難しい。時に内野を守り、代打の切り札も務め、チーム事情でいきなり代役4番を打つこともあった。しかし、近年は打撃も向上し、故障も減り2018年には9年ぶりの規定打席到達。30代後半で再びレギュラーを奪取する。

そんな中堅サラリーマンの鑑のようなバイプレーヤーの生き様を象徴する発言が、2017年のジャイアンツのファンクラブ会報誌に掲載されたインタビュー記事にある。

「若手はライバルなのか?」という質問に対して、亀井はこう答えているのだ。

彼らのことは、ライバルだとは思っていないです。彼らには彼らの良さがあるし、僕には僕の良さがある。とは言え、年齢から見たら、彼らが出た方が絶対にいいんです。ましてや僕は、今年の前半戦は代打でやってきている人間。逆に言えば、前半戦、彼らがスタメンで出ていたにもかかわらず、結果が出なくて後半戦は出られなくなった。その代わりに僕が出ているわけです。そこは〝あいつら、何してんねん〟と思うし、早く僕を押しのけて出てきてほしいです。（「G FAN」より）

「彼らが出ることによって、ジャイアンツの未来も変わってくる」とまで言い切る生え抜き最年長の存在。早く俺を超えていけ。それが組織のためになるのだから……。

２０２０年７月で38歳になる亀井だが、以前はリーグ屈指と称された外野守備や脚力にはさすがに微妙な衰えも感じる。同い年の内海哲也も新天地の西武で故障に苦しんでいる。それでも、背番号９はチャンスではいまだに最も頼りになる打者だ。よくファンは若手を使えと望むが、世代交代をされる側になるまで現役でいられる選手は数十人にひとりだろう。若手時代は「もっとやれる」と檄を飛ばされていた男が、ベテランとなり「まだやれる」と大きな拍手を送られる令和の東京ドームの風景。

困った時の亀ちゃん

2019年の503打席は2009年に次ぐ自身2番目の数字で、30代になってからは自己最多である。2年連続二桁本塁打はキャリア初だ。ここにきてバットは全盛期を迎えているかのような頼れるベテラン。もちろん苦楽を共にしてきた原監督からの信頼も絶大だ。

亀ちゃんは僕の中ではそういう代打の切り札的に表に出して戦うよりは、困ったときには亀ちゃんがいるという存在なんですよ。1番打者にしても5番打者にしても、外野のポジションにしても、ライトであってもレフトでも、必要ならばファーストでも、ね。彼のそういう存在感というのは、チームにとって滅茶苦茶、大きいんです。滅茶苦茶、大きい！（「Ｎｕｍｂｅｒ Ｗｅｂ」原監督インタビューより）

気が付けば、希望の星だった盟友・矢野は日本ハム移籍後に引退、先を走っていたライバル長野も丸佳浩の人的補償で広島へ。同時期にブレイクした松本哲也は引退してファームのコーチだ。ＦＡで移籍してきた陽岱鋼にもポジションは譲らず、ギャレット・

ジョーンズやレスリー・アンダーソンら数多くの助っ人が外野を守ったが、あくまで一時的なものだった。

なにより、大田泰示、橋本到、立岡宗一郎、中井大介といった一昔前は将来のチームの中心を期待された1990年前後生まれの元期待の若手選手たちは、伸び悩むと同時に外野競争で「亀井に負けた」のである。

つまり、同世代のライバルに粘り勝ちし、補強組にもポジションを譲らず、若手の壁になり続けた背番号9。阿部や坂本みたいな王道を歩むスター選手がいる一方で、挫折を繰り返しながら食らいついた亀井タイプの選手はファンも感情移入ができるので球場人気が高い。野球ファンは子どもの頃はスーパースターに憧れて、大人になると渋い脇役に己の人生を重ねるのである。

選手の入れ替わりが激しい21世紀の巨人でキャリアを全うする、亀井善行のような叩き上げのフランチャイズ・プレーヤーは本当に貴重だ。今度こそ、球団はこういう選手をぜひ大切に扱ってほしい。

15年前のデビュー戦、2005年7月9日の巨人スタメンを確認すると流れた時間の膨大さを実感する。

1番左翼・清水隆行／2番遊撃・二岡智宏／3番中堅・ローズ／4番三塁・小久保裕紀／5番捕手・阿部慎之助／6番一塁・清原和博／7番右翼・亀井善行／8番二塁・仁志敏久／9番投手・マレン

そして、誰もいなくなり、亀井だけが残ったのである――。

4. 小林誠司、ポスト阿部世代の憂鬱

レジェンドの引退

「過去と闘って何が悪い！　昔を超えようとして何が悪い！」

現WWE所属のプロレスラー中邑真輔は若手時代にリング上でそう叫んでみせた。すべての現在進行形のエンターテインメントはそれぞれのジャンルのオールドファンが持つ、美しき過去の記憶との戦いだ。「あの頃はよかった……」って、たいてい過去とは美化された嘘である。だからプロ野球で信頼できるのは、〝記憶〟よりも〝記録〟なのである。

だが、まだ時間があまり経過していない近い過去の記憶は鮮明で、残した記録も圧倒的という巨人の背番号10のようなケースも稀にある。今後しばらく巨人の捕手は最強で

最高のスーパーキャッチャーと比べられ、物足りないと指摘されるのだろう。ミスターのあとの三塁手や、クロマティのあとの助っ人スラッガーとかと同じように阿部慎之助の後継者もその偉大な過去との比較は逃れられない。それくらい２０１９年限りで引退した阿部はオンリー・ワンの選手だった。

２０１２年の史上初のチーム五冠達成（交流戦、ペナントレース、クライマックスシリーズ、日本シリーズ、アジアシリーズ完全制覇）時には、正捕手と主将を務め、首位打者、打点王、最高出塁率のタイトルを獲得し、セ・リーグＭＶＰに加え、原監督とともに正力松太郎賞も受賞した。まさにすべては阿部中心に回る現場監督のような圧倒的な存在感があった。

２０１７年に達成した通算２０００安打は巨人の生え抜きでは川上哲治、長嶋茂雄、王貞治、柴田勲に続いて５人目（松井秀喜は日米通算２６４３安打、５０７本塁打だが、その内巨人時代は１３９０安打、３３２本塁打）。もちろん捕手では球団初の快挙だ。

さらに現役ラストイヤーの２０１９年には史上18人目の通算４００本塁打を達成。巨人では王貞治（８６８本）、長嶋茂雄（４４４本）に次ぐ3人目の記録で、主に捕手としてプレーした選手では野村克也（657本）と田淵幸一（474本）に次いでこちらも3人目の快挙。

挙がる名前がすべてレジェンド級、阿部の将来的な野球殿堂入りは濃厚で、背番号10が永久欠番にならないのが不思議に思えてくるレベルのスーパーキャッチャーである。

受難の小林誠司

だから、今のチームが「ポスト阿部」に苦労するのは当然だ。そんな球史に残る打てる捕手が次から次へと出現するはずがない。例えば一般企業でも、会社のエース営業マンからの仕事の引き継ぎは難しい。後任は常に前任者と比較されるハメになるからだ。もし新入社員に無茶ぶりしたらプレッシャーで潰れかねない。

今の巨人の小林誠司を見ているとまさにそう思う。阿部の10歳年下の小林は日本生命から2013年ドラフト1位指名で巨人入り。1年目は63試合出場で打率・255とまずまずのスタート。球界屈指の強肩と甘いマスクで当時から女性ファンが多かった。翌2015年から阿部の一塁転向により26歳の小林は当然、次代の正捕手を期待される。

ちなみに２０１５年、２０１６年と巨人は小林以外の20代捕手はひとりも一軍でマスクを被っていない。時に非力な打撃や経験不足のリードを厳しく批判されながらも2年目は70試合、３年目は１２９試合と地道に出場数を増やした。

この間、現場は毎年のように阿部の捕手復帰を目論んだが、背番号10の満身創痍の身体が悲鳴を上げ断念している。２０１５年の小林はプロ初の開幕マスクを被り同級生の菅野智之を勝利に導くも、その後チームは失速。ベテランの相川亮二も怪我をして一塁転向したはずの阿部が開幕7戦目に電撃捕手復帰なんてこともあった。何者でもない若者が信頼を失うのは一瞬だが、それを回復するには膨大な時間の積み重ねが必要だ。

常に「阿部がいたら」と言われてしまう心身ともにハードな職場環境に加え、当時の巨人では新キャプテンの坂本勇人と小林以外にレギュラーとして試合に出続けている20代野手がいなかったので、自然とあらゆる批判が

2017年、春季キャンプでの小林誠司（提供：読売新聞社）

新米キャッチャーに集中する。

皮肉なことにその涼しげな顔をしたイケメンは、時に気持ちが見えないとか頼りなく思われがちで、コーチから説教されている最中に、ついクロワッサンを食べちゃった的な掴みどころのない天然キャラエピソードはSNS上で格好のネタになった。

さらに球団のスタンスも厳しかった。FAで相川亮二や炭谷銀仁朗といったベテラン捕手を獲得し、ドラフトでは宇佐見真吾（城西国際大学）、岸田行倫（大阪ガス）、大城卓三（NTT西日本）ら大学・社会人の捕手を立て続けに指名した。

そんな背番号22を間近で見てきた先輩捕手の加藤健は、自著『松坂世代の無名の捕手が、なぜ巨人軍で18年間も生き残れたのか』（竹書房）の中で、ロッカーでたくさん質問してきたり、必死にやっているのに他人の目にはそう映らないから小林は損をしていると本人に指摘する。

「少しだけでもいい。別にアピールする必要はないけど、周りに伝わった方がいいんじゃないか」

「お前にはレギュラーという〝椅子〟が目の前に用意されている。今、そこに座らなかったら、一体いつ座るんだ？　〝椅子〟なんてあっという間になくなっちゃうからな。その〝椅子〟に座ることができたら、4〜5年は安泰。成長しなかったら、野球人生が終わっちゃうよ」

絶対的正捕手・阿部の2つ年下のバックアッパーとして18年間もプロで生き延びてきたカトケン。いわば誰よりも阿部慎之助の凄さを知る男が、ポスト阿部の重責に悩む後輩にかける言葉には重みがある。

「打てる捕手」という高すぎるハードル

2017年にはWBCで侍ジャパンの正捕手として打率・450と大活躍、世界のコバちゃん旋風を巻き起こし、シーズンではキャリアハイの138試合に出場し自身初のゴールデングラブ賞に加え、菅野智之と最優秀バッテリー賞を獲得。ついに正捕手の座を手にしたかに思えたが、打撃では規定打席到達者で2年連続最下位となる打率・206と課題も残した。

原監督が復帰した2019年は西武から移籍のベテラン炭谷、打撃に定評があり一塁起用もされる大城、そして小林と捕手3人制で回し優勝を勝ち取り、30歳になった背番号22は、92試合に出場（先発マスクはチーム最多の68試合）して12球団トップの盗塁阻止率・419を記録。これで4年連続の盗塁阻止率リーグ1位となり、オフには1億円プレーヤーの仲間入りをする一方で、打撃は打率・244、2本塁打、19打点、OPS（出塁率と長打率を足し合わせた値）・580というパッとしない成績に終わっている。

しかし、球界全体を見渡せば小林より打っていない正捕手も存在する。特にDHでカバーできるパ・リーグでは、2019年MVPにして首位打者の森友哉（西武）という打てるキャッチャーがいる一方で、堀内謙伍（楽天）打率・156、田村龍弘（ロッテ）打率・243、若月健矢（オリックス）打率・178と打撃に難のある扇の要も多い。セ・リーグでも二桁本塁打をクリアした捕手は12本の會澤翼（広島）だけである。巨人という注目度の高いチーム環境に加え、やはりあの阿部の次の捕手という事実が小林の過小評価に繋がってしまっている面は否めないだろう。

球団史上最強キャッチャーが築き上げた「21世紀のジャイアンツ捕手像」は打ててナンボみたいな空気があるのは事実だ。なにせ2001年のルーキーイヤーに田淵以来ふたり目となる新人捕手のシーズン二桁本塁打を放ち、そこから18年連続二桁本塁打を記録。ちなみに阿部以前で年間二桁アーチをクリアした巨人捕手は、１９９５年の村田真一（13本）まで遡らなければならない。

２０２０年から3年目の大城卓三が、高橋由伸や中畑清がつけた背番号24を引き継ぎ、阿部以外では21世紀初の、そして令和初の巨人捕手二桁アーチを期待されている。

それでも、ひとまず目標とすべきラインは２０１０年に44発を放った数十年にひとりの逸材クラスの背番号10ではなく、焦らず昨季のセ捕手最多アーチの12本塁打でいいのではないだろうか。数年前の小林がそうだったように、しばらく27歳の大城が強化指定選手として優先的に起用されるはずだ。

「正捕手」をワリカン

守備の小林、打撃の大城、経験の炭谷。

よくタブロイド紙は「正捕手になれなければ放出」「小林FA移籍か」的なロジックで書きたがるが、長いペナントレースは「いかにレベルの高い捕手を3人揃えるか」の勝負でもあり、今の炭谷・小林・大城のトロイカ体制はそれぞれのストロングポイントや年齢を考えてもチーム編成的にはベストに近いだろう。マスコミもファンもその事実を受け入れるべきだ。なぜなら、平成の終焉と時を同じくして、偉大な背番号10の時代は終わったのだから。

そして、その阿部ですら新人時代はロッカールームで先輩から、おまえあのリードはなんだ、アマチュアじゃないんだぞと叱責され、涙を流したという。以前、著者の『プロ野球死亡遊戯　さらば昭和のプロ野球』（ユーキャン）内で阿部本人にインタビューをした際に、もし巨人に入っていなかったらどんな野球人生になっていたでしょうか……と尋ねたら、阿部は冗談めかして「巨人に入っていなかったら今頃すんげぇ選手になってたんじゃない？　メジャーでも行ってたんじゃないかな。多分挑戦してたと思うな」と笑ったのだった。

どのチームよりも勝利を期待されている読売ジャイアンツの捕手にはそれだけの重圧があるのだろう。加えて令和の巨人のキャッチャーには、周囲から往年の背番号10の姿を重ねられるという憂鬱な大仕事もある。相手チームと戦い、偉大な過去とも闘う男たち。小林が悪いのでも、大城が物足りないわけでもない。ましてや炭谷の補強が間違っているわけでもない。ただ、阿部が凄すぎたのだ。

今の巨人は正捕手の不在というより、阿部慎之助という規格外の選手の幻影を必死に3人でワリカンしているように映るのである。

5. 名脇役、募集中。

〝主役〟を降りる覚悟

「高倉健さんは主役を張るスターだが、健さんだけでは映画はできない。脇役が必要だ。そして、もし、健さんが二人いれば、どちらかが脇役をやることになる。でも、それはスゴイ映画じゃないか？」

巨人と広島で打撃コーチや二軍監督を長年にわたり務めた、名伯楽・内田順三氏の著書『二流が一流を育てる ダメと言わないコーチング』（ＫＡＤＯＫＡＷＡ）の中で紹介されていた言葉である。

プロ入りするような選手のほとんどが、アマチュア時代はチームの中心選手だった。元巨人の仁志敏久も例外ではない。常総学院高校、早稲田大学、日本生命とアマ球界のエリート街道を走ってきた男は、１９９５年ドラフト会議の逆指名２位でプロ入り。他球団なら中軸を任せられる即戦力ルーキーだったが、大型補強全盛の巨人には松井秀喜や落合博満がいて、翌年にはＦＡで清原和博、その次には逆指名で高橋由伸が入ってくる。球界を代表するスーパースタークラスの主役を張れる選手はいくらでもいた。

そこで内田コーチの〝健さん理論〟が生きるわけだ。クレバーな仁志は社会人時代ほとんどやらなかったバント練習に取り組み、広角に打つスタイルに挑戦。１、２番という慣れない打順を打ち、２年目には三塁からレギュラー固定できていなかった二塁手転向も受け入れた。そこでＶ９時代の名脇役・土井正三コーチの指導もあり、やがてゴールデングラブ賞を受賞するまでの存在になる。

いわば自ら主役の座を捨て、脇役として戦うことを選んだのだ。そんな仁志を「スターを主役たらしめた、最高の脇役だった」と内田氏は称賛する。

足りないのは〝名脇役〟

この仁志と同じ１９７１年生まれの元木大介もプロ入り後にスタイルを変え、巨人で自分のポジションを確立したバイプレーヤーのひとりだ。なにせ上宮高校時代は甲子園で歴代2位タイの6本塁打を放ったアイドルスラッガー。一浪の末に1990年ドラフト1位で悲願の巨人入りを果たすも、仁志と同じくそのキャリアは長嶋巨人の巨大戦力の中でいかに生き残るかがテーマとなる。

高校野球では長距離打者でも、大砲揃いのジャイアンツ打線には自分より飛ばすホームランバッターはいくらでもいる。そこで元木は当時の武上四郎打撃コーチに右打ちの練習を申し出るのだ。とにかく試合に出たい。内野ならどこでも守り、初めてのレフト守備にも就いた。1997年からは6年連続100試合以上出場とその地位を確立。己の働き場所を見つけた甲子園の元アイドルは、やがて長嶋監督から〝クセ者〟と勝負どころで起用されるようになる。以前、元木本人にインタビューした際のこんな言葉が印象深い。

「(当時の巨人は) 4番バッターとかスター選手ばかり来てたもんね。だから逆に生き方を変えられたんじゃない? あれだけ4番バッターが来てたら同じ場所では勝負できないって思ったもの」

そう、こういう選手が複数ポジションを守り、さらに下位打線にいたから、巨人打線は点ではなく線として機能し恐れられたのである。仁志や元木といった野球偏差値の高い脇役の存在。そして、それは近年の巨人に最も足りないピースでもある。

例えば、元木の背番号2を現在受け継ぐ、陽岱鋼に感じる物足りなさの正体は「プレーから感じられない脇役の覚悟」ではないだろうか。

２０１７年に日本ハムから5年推定15億円の大型契約でＦＡ移籍。北海道では盗塁王1度、外野手としてゴールデングラブ賞に4度輝いたスター選手だったが、巨人移籍後は毎年のように故障に泣かされ、規定打席到達は一度もなし。同じくＦＡ移籍の丸佳浩に中堅のポジションを奪われレギュラーを失い、今季の春季キャンプでは一塁練習も行ったが、オープン戦で打撃不振に陥り二軍落ち。33歳にして崖っぷちの立場にいる。

今の巨人打線には坂本勇人、丸佳浩、岡本和真という堂々たる主役が君臨する。陽も移籍直後は坂本や長野久義とともにこのポジションを期待されるも、いわば主役争いに敗れたわけだ。となると、今の敗者復活戦を戦う陽が生きる道は、日本ハム時代のチームの中心ではなく、主役を支える脇役の働きである。

2019年に36回起用された代打では打率・394と控え野手として結果を残したが、このまま静かにキャリアを終えていくのか、それとも外野に一塁のバックアッパー兼代打の便利屋稼業になりふり構わず活路を見出すか。スマートなイメージがある陽の今後の野球人生に注目だ。高校野球の魅力が青春を懸けた必死なプレーなら、プロ野球は人生を懸けた切実なプレーがファンの心を打つのである。

一軍で戦うために自分だけの〝武器〟を磨け

振り返れば、原巨人の二度のV3にも多くの名脇役が存在感を発揮した。

ベンチに捕手がいなくなり自らマスクを被り緊急出場してチームを救った・木村拓也。

球団社長から「振り向けば古城がいる」と称賛されたユーティリティープレーヤー・古城茂幸。

代走の切り札という新ジャンルを定着させた・鈴木尚広。

勝負強い打撃でクライマックスシリーズMVPにも輝いた・脇谷亮太。

ガッツあふれるダイビングキャッチで球場を沸かせた育成の星・松本哲也。

２０１２年は代打率４割越えのジョーカー・石井義人。応援歌とともにファンに愛されたクラッチヒッター・矢野謙次。安定の守備と大一番の意外性の打撃が売りのエースキラー・寺内崇幸。

彼らの活躍が、いわゆる阿部慎之助や村田修一ら枢軸と呼ばれた主役達を光らせたわけだ。

では今のチームはどうだろう。吉川尚輝、若林晃弘、田中俊太、重信慎之介、石川慎吾、山本泰寛、増田大輝、吉川大幾、北村拓己ら一軍に食い込んでほしい脇役タイプは数多いが、まだ誰もそのポジションには辿り着けていない。レギュラーでもなければ切り札にもなりきれていない中途半端な立ち位置だ。プレーからは、いまいち彼らが目指すテーマが見えてこない。かつて、中畑清や川相昌弘が多摩川グラウンドから成り上がる様と生の感情をマスコミやファンにぶつけ、ある種の共犯関係とストーリーを作り上げたのとは対照的だ。

漠然と一軍でレギュラーを目指します、なんてユルいスタンスで長年食っていける甘い世界じゃないだろう。数年前、巨人二軍選手に取材した際に「代走でも守備固めでも一軍に食い込みたいのでは？」と質問したら、「まあ僕はまだ若いのであくまでレギュラーを狙いたいですね」と返ってきて危機感のなさに驚いた記憶がある。残念ながら、その20代中盤の選手はそれから2年も経たない内に自由契約となりユニフォームを脱いだ。

「若い子には何でここ（二軍）にいるのか考えなさいと。いきなりレギュラーは張れないので『まずは一軍に上がること』と。『段階を持って目標を設定していこう』と言っています。『目標は一軍でレギュラーになりたい』と言うと『ちょっと違うぞ』と。階段を上っていくことを教えてあげないといけない。リポートを書かせたんですけど、まずみんな自己評価が高いです、今の子は。すごいなと。謙虚さゼロです」

2020年2月11日付「スポーツ報知」で実現した阿部慎之助二軍監督と評論家・掛布雅之の対談で、阿部監督のそんな発言があった。まるで、若手選手の思考は、就職してすぐに将来はフリーランスになって好きな仕事で稼ぎたいと語る新入社員のようである。どんな仕事もまずは夢の前に現実を生きなければならない。一軍定着するために何が足りないのか、これから何を武器に戦っていくのか？　目標の実現の第一歩は、無力な自分と向き合うことから始まる。誰もがいきなり阿部慎之助になれるわけじゃないのだ。

出でよ、令和の〝クセ者〟

G党の間では若林や山本や田中の93年組を評し、〝どんぐりーず〟と呼ぶ声もある。誰を使ってもそこまで変わらない。ストロングポイントがない。そんな現状を嘆くファンの声だ。

今シーズンこそはと毎年セカンド定着を期待される１９９５年生まれの吉川尚輝も、持病の腰痛で度々離脱しているが、ぼやぼやしていたら近い将来あの大物ＦＡ内野手がやってくるかもしれない。93年組の少し前の世代に当たる大田泰示、橋本到、中井大介らは伸び悩み、皆20代中盤から後半にはチームを出た。どんぐりーず、それぞれが勝負の年。彼らの成長曲線は、ジャイアンツの未来そのものだ。

平成のＶ３時代（２００７〜２００９年、２０１２〜２０１４年）の分厚い選手層を見たら分かるように、名脇役たちの存在はチーム力を底上げする。大砲ばかり並びプロ野球記録のシーズン259本塁打を放ちながら、リーグ最少の25盗塁とバランスを欠き、3位に終わった2004年の史上最強打線は、主役同士の共食いで長続きはしなかった。映画でもドラマでもスターを漠然と並べるだけでは、いい作品は作れやしないのだ。

幸い今の一軍首脳陣にはヘッドコーチの元木大介、野手総合コーチの石井琢朗と現役時代に名脇役で鳴らした指導者がいる。状況次第でいかなる役割もこなせる亀井善行という生きる手本も健在だ。

2020年の巨人には40発放った遊撃手がいて、若き4番打者がいて、広島からやってきた2年連続MVP外野手もいる。メジャーで世界一を経験した大物助っ人も来た。主役は揃った。足りないのは彼らを光らせる名脇役、そう「令和のクセ者」なのである。

6．元祖〝クセ者〟の30年

元木大介vs.大森剛

その男は、現役時代に3割到達や二桁本塁打が一度もない。

お世辞にも足が速いわけでも、守備が抜群に上手いわけでもない。にもかかわらず15年間、巨人でサバイバルし続けた。時に人を食ったような隠し球を試み、かと思えばチャンスで打席に入ると滅法強い。今のチームに足りないのは、そういう何を仕掛けるか予測できない肝っ玉の据わったバイプレーヤーの存在だ。２０１９年の日本シリーズで、ソフトバンクになす術無く4連敗を食らった直後にそんなことを考えた。

だからこそ、その男のキャリアは令和の名脇役を生み出すヒントになるはずだ。元木大介はいかにして、平成巨人を代表する元祖〝クセ者〟になりえたのだろうか？

「ユニフォームを脱ぎます。お世話になりました」

2005年秋、33歳の若さで現役引退を決めた元木は最初に原辰徳に電話をかけたという。

『クセ者 元木大介自伝』（双葉社）に詳しく書かれているが、原は「お前はジャイアンツで十五年間やってきて、胸を張って辞めていける」と激励し、元木は「また、一緒にやりたかったんですが、できなくなってしまいました。これからも応援していきますので強いジャイアンツを作ってください」と自分の思いを伝えた。

後輩の阿部慎之助は当時26歳の若手選手。チームが大阪遠征中のため、ともに戦ってきた背番号2が戦力外通告を受けたことすら知らなかった。「俺、もう解雇になったから」なんて受話器越しに語る先輩に対し、阿部は慌てて新聞を見て絶句する。

これは今から約15年前の出来事だ。以前、元木本人にインタビューをした際に現役最終年のことを聞くと、こう答えてくれた。

「あぁクビだなと思ったから。ベテランだったら分かるよ。そういうの、自分が若い時から見てるんだから。先輩方が辞めていく時に、なんで一軍に呼ばないんだろうと不思議に思っていたら、その年限りでクビになってるみたいな。最終年はもう終わりだなと思った。イライラしたけどね。まだできるよって」

巨人ではそのプレースタイルから〝クセ者〟と呼ばれた元木は、上宮高校時代は甲子園で歴代2位タイの通算6本塁打を放ち、端正なマスクからアイドル的な人気も誇るスター選手だった。小学生の時に後楽園球場で一緒に写真を撮ってもらった王貞治への憧れもあり、1989年のドラフト会議では巨人行きを熱望。

だが、この平成元年のドラフトは野茂英雄や佐々木主浩が顔を揃えた歴史的な豊作年。巨人は早くから六大学の三冠王スラッガー大森剛（慶大）を1位指名と噂だったが、17歳・元木の甲子園での大活躍と実質的な逆指名に球団内部も揺れる。

すると、危機感を覚えた大森本人もドラフト前の「週刊ベースボール」インタビューでこんなガチンコ発言をかまし物議を醸す。

「巨人以外なら日本石油かアメリカに留学するって。ボクもその前に巨人じゃなきゃ東京ガスに行くと、同じようなことを言っている。〝同じことを言いやがって。高校生のくせに〟と思いましたよ。元木はボクより顔はいいかもしれないけど、そんなにカッコイイと思わないです」

なにも大学生が高校生相手にそこまでムキにならなくても……と突っ込みたくなるが、「ボクはプロに行きたいんじゃなくて、巨人というところで仕事がしたいんです」とまで言い切る血気盛んな慶応ボーイ。

当時の時代背景を補足しておくと、1989年12月29日に日経平均株価は史上最高値の3万8957円44銭を記録するなど、空前の好景気がピークを迎えており、多くの大学生は超売り手市場の就職戦線に強気で臨み、プロ野球からの誘いを断り不動産会社や銀行へ就職する選手もいるほどだった。

悲願の巨人入り

結果的に巨人は大森を1位指名し、元木はダイエーの外れ1位を拒否してマスコミから追い回されるハメになり、落ち着いた環境を求めハワイでの浪人生活へ。

と言っても、地元少年野球コーチの大工のおじさんに頼み、マシンとボールを借り、だだっ広いフェンスもないグラウンドで打ち続ける日々。地元の草野球ではせめて肩が弱くならないようにピッチャーを希望したという。そんな生活を半年ほど続け、ようやく1990年ドラフトで悲願の巨人1位指名を受けるわけだ。

しかし、2年目に一軍デビューして3年目は80試合出場とプロの水にも慣れ、さあこれからという時、1993年オフからプロ野球界には逆指名ドラフトとFA制度が導入されてしまう。まだ圧倒的にジャイアンツブランドが強かった時代、有望新人もFA選手もさらに助っ人選手まで巨人に集結し出す。いわば長嶋巨人の終わりなき大型補強期が始まるのである。

内野手だけでも落合博満、広沢克己（当時）、ジャック・ハウエル、清原和博、石井浩郎……。逆指名で同い年の仁志敏久、さらにマント、ルイス、ダンカンと元木自身が「脅威の外国人三本柱」と自らネタにする外国人三塁手を3年連続で獲得したこともあった。

だが、元木はこのクレイジーとも思える補強の連続にも負けず、1997年以降、6年連続100試合以上出場とその地位を確立する。

1998年、1999年にはオールスターファン投票選出。キャリアハイは1998年の打率・297、9本、55打点、OPS・799。この年の得点圏打率・398はリーグトップの勝負強さだった。

チームは4番バッタータイプばかり集めていたから、逆に生き方を変える覚悟ができた。今のままじゃ勝負できない。考え方を変え、プレースタイルを変え、やがて元木は長嶋監督から〝クセ者〟と重宝されるようになる。

今も巨人は外部補強が若手のチャンスを奪うとよく言われる。だが、20年前の「ジャイアンツ・アズ・ナンバーワン」の補強全盛期において、右打ちをマスターし、時に外野もやるガッツを見せ、執念深く食らいついたのが選手時代の元木だった。

高校時代はアイドルと呼ばれ、選手時代は練習嫌いがネタになり、引退後はラーメン屋でしくじり……じゃなくてタレント業をやっていたイメージとは裏腹に、いわば巨人の選手らしくない泥臭さで生き残ってきたわけだ。

現場復帰とヘッドコーチ就任

3年前のインタビュー時に最も印象深いのは、古巣の若手選手について熱く語る姿だった。

「うん、不甲斐ないよね。チャンスだらけじゃない。セカンドがいないって言ってるのに何してんだろうって。なんでもっとガムシャラに泥まみれにならないのかな。3年間くらい泥まみれでやっちゃえよって。そうしたらレギュラー獲れると思うんだけどね。ちょっと一軍で出るとスター選手みたいな感じになってるから」

そして、インタビューの最後に「俺がやりたいって言ってやれる職業じゃないから」と前置きした上で、こう続けた。「当然、ユニフォームは着たいですよ。野球人だから。今まで自分がやってきたこと、見たことを後輩たちに伝えていく。時代が違うって言っても野球は一緒なんだから」と。そう言えば、この取材は2017年の6月中旬だった。ちょうど由伸巨人が球団記録の13連敗を喫した直後だ。

そして2019年、元木は内野守備兼打撃コーチとして14年ぶりに巨人へ戻ってきた。3度目の就任となる原監督は61歳、気が付けば阿部は40歳の大ベテランだ。長い時間が経った。そして、原巨人は苦労の果てに5年ぶりのリーグVを達成、阿部は引退して、秋には背番号を80に代え二軍監督で再出発を切った。

大森剛との幸福な因縁

2019年シーズン、忘れられない光景がある。球場で幾度となく繰り返されたあのシーン。球団初の生え抜き右打者40発を放った坂本勇人が、本塁打を打ちホームに還る際に三塁コーチャーの元木と笑顔でハイタッチを交わす。

振り返れば、坂本は2006年高校生ドラフトのドラ1選手。甲子園のビッグネームが揃う1988年世代では目立たない存在だったが、担当スカウトが「素晴らしい選手がいる」と主張し、周囲に反対されながらもしつこく食い下がり説得。なんとか外れ1位指名にこぎつけた。

その当時のスカウトとは、大森剛である。

選手・大森はイースタン・リーグでは何度も本塁打王に輝くも、長嶋政権の度重なる補強により一軍での出場機会を失い、1998年近鉄へトレード。1999年に現役引退した後は再び古巣に戻り、北海道・東北地区のスカウトをしていた。

その後の坂本の活躍はご存じの通りだ。大森がスカウトし、立派なキャプテンに成長した背番号6と背番号77をつける47歳の元木が交わすハイタッチ。

明暗分かれた平成元年のドラフトから30年。甲子園のアイドルも六大学の三冠王もプロの世界でスーパースターにはなれなかったが、酸いも甘いも嚙み分けて、令和元年の東京ドームで男たちの人生は確かに続いていた。年をとるのも悪くないかもな。客席からそんなことを思った。プロ野球は永久に終わらない連続ドラマだ。２０２０年シーズン、元木大介は巨人一軍ヘッドコーチとして戦う。

第三部　球場観戦は最高のエンターテインメント

1．東京ドームは好きですか？

〝観光地〟としての東京ドーム

「20世紀最後のチャンス！」

2000年8月の「週刊ベースボール」にそんなコピーの広告があった。巨人戦in東京ドーム観戦＆宿泊パック。内野指定C席＋1泊朝食付でお1人様料金がシングル14000円、2名様ご利用のツインだと12000円。土曜日観戦と内野指定B席はそれぞれ上記の料金よりお1人様2000円アップ。

約20年前の20世紀の終わり頃、地方から「上京して巨人戦を見にいく」ことは一大イベントだったのである。埼玉の田舎町で生まれ育った自分にもその感覚はよく分かる。

あの頃からずっと、巨人が本拠地に使う東京ドームは、〝球場〟というより〝観光地〟

1988年３月の開場から33年目を迎えた東京ドーム

の雰囲気に近い。グッズ売り場には「東京ドームに行ってきました！」なんてベタすぎるお土産タオルが販売されているし、近年の巨人戦は東京観光の一環として訪れる外国人ツーリストの姿も目立つ。だから、選手プロデュース弁当も強気の１５５０円と観光地価格なのか……じゃなくて、もちろん都心からのアクセスは良く、屋根があるから雨天中止の心配もないので予定に組み込みやすい。いつの時代も、人を集める観光地で重要なのは洗練されたマニアックさではなく、ベーシックな誰でも楽しめるエンタメ性である。常に東京ドームは大衆のモノとして消費されてきた。

　数年前、巨人とヤクルトが戦う「ＴＯＫＹＯ

シリーズ」のパンフレット原稿を担当した際に、それぞれの球団の選手に相手本拠地について質問したが、巨人側の選手は神宮球場といえば学生野球の思い出を語り、一方でヤクルト所属選手から見る東京ドームは、「初めて野球観戦に来た場所」であり「幼い頃にテレビで見ていた球場」でもあった。やっぱり、東京ドームはスカイツリーや浅草寺と同じカテゴリーにあるように思う。

平成を〝完走〟したホームスタジアム

さて、近年は最多観客動員数を記録し続けるプロ野球はテレビで観るものから、球場で楽しむ体験型イベントへと変わりつつあるが、それは巨人も例外ではない。2018年5月11日の中日戦では実数発表以降最多の4万6855人が入場。2019年の主催試合観客数は302万7682人で過去最多を更新した（註 2020年は新型コロナウイルス感染拡大の影響で無観客での開幕が有力視されている）。

ファンクラブの「CLUB GIANTS」は、先行チケットの第一次抽選販売に参加できる「GOLD MEMBER」コースが年会費2万7500円という高額にもかかわらず、即日3500名の定員に達する人気だ。2019年からリニューアルされたこのファンクラブは以前のようなGボックスチェアや巨人版黒ひげ危機一発といった多彩な入会特典グッズよりも、明らかにチケット優先販売権の方に力を入れているように見える。ちなみに2020年のCLUB　GIANTS入会記念品は3種から選べるバッグだが、アラフォー男性の自分にはどれもまったく欲しいとは思えない安っぽさとデザインだった（なんて文句を言いつつ今季も継続入会してしまうファンの悲しい性）。

ファースト・プライオリティはいかにスタンドを超満員にするか。球団もユニフォーム無料配布や、オレンジ色のアフロかつらを来場者でかぶる「みんなでアフロ」のようなイベントを度々企画。近年は巨人戦がリビングのテレビから消え、国際的な他スポーツも台頭し、危機感を覚えた球団側も本気で球場に客を呼ぼうとしている。

なお東京ドームは巨人の自前スタジアムではない（賃料は年間25～30億円ほどと報じられている）というハンデはあるが、2016年1月には「東京ドーム50億円リニューアル計画」が話題となり、1、2階席とも角度などの形状を変更することで膝前スペースを従来比約1・5倍拡張。アリーナ照明の全LED化で視界はクリアになり、最新のラインアレイスピーカーを22台設置して音響も改善された。さらに全てのトイレに温水洗浄機能付き便座を設置と、老朽化する設備をリフォームした形だ。

それでも、借家であることには変わりはなく、２００４年の球界再編後はＮＰＢ球団も本拠地を自前で所有したり、球場は自治体が所有しながら球団が管理・運営を任せられ営業権を握るケースが増えつつある（昔ながらの賃貸は巨人の東京ドーム、ヤクルトの神宮球場、日本ハムの札幌ドームの3球団のみ）。

ペイペイドームのホームランテラスやＺＯＺＯマリンスタジアムのホームランラグーンといった時代のニーズに合わせた柔軟な改装や、楽天生命パークの遊び心溢れる観覧車やメリーゴーラウンドのような独自のボールパーク化が進む中、東京ドームはオールドタイプの球場なのは疑いようがない。

なにせ懐かしのビッグエッグ（註　東京ドームの愛称）の開場は昭和最後のシーズン、１９８８年3月18日のことだ。この日、阪神とのオープン戦で前年に引退した昭和の怪物・江川卓がライバル掛布雅之相手に引退セレモニーを行い、真新しいマウンドから正真正銘のラストピッチング。あれから、もう30年以上、平成を完走し、そして令和もホームグラウンドとして使用している。現在31歳の巨人キャプテンを務める坂本勇人が生まれた年にできた球場と考えると、長い時間が経ったのである。
同時に東京ドームの歴史はそのまま平成エンタメ史でもある。首都・東京のど真ん中にある国内最大級の屋内多目的ホール。数多くのロックバンドやアイドルグループがそのステージを目指し、ローリング・ストーンズやマイケル・ジャクソンといった海外大物アーティストも来日公演で使用し、時にプロレスやボクシングやK-1といった格闘技のコロシアムにもなる。かと思えば、ふるさと物産フェアのような日常的なイベントも定期的に開催されている。２０１９年夏の欅坂46のライブは2日間で10万人を動員したのも記憶に新しい。皮肉なことに、天気を心配する必要のない密閉式屋根に、大観衆が乗っても痛みにくい人工芝という、野球場としては前時代的なスペックが大型イベント開催を可能にしているわけだ。

限りなく透明に近いビッグエッグ

さらにその肝心の野球場としての東京ドームの立ち位置も特殊だ。２０１９年シーズンにはソフトバンクが「鷹の祭典」、楽天が「楽天スーパーナイター」とパ・リーグ球団が東京でのお祭り的な感覚で主催ゲームを東京ドームで開催。東京オリンピックが行われる予定だった2020年は、五輪準備のため本拠地を長期間使えないセ・リーグのヤクルトやDeNAの主催試合を東京ドームで行う計画だった。もちろん両チームの東京ドーム主催試合は初となる。

それにしても、この球場としての「無国籍感」はなんだろうか。圧倒的なホーム感のあるマツダスタジアムや甲子園とは対極に位置している。

だからダメなのではなく、もはやこれは東京ドーム特有の個性なのではないだろうか。いつ何時、何色にも染まることができる。限りなく透明に近いビッグエッグ。良くも悪くも巨人色は薄い。シートの色はチームカラーのオレンジや黒で統一することはなく無機質な青色。横浜スタジアムのTOB（株式公開買い付け）を成立させたDeNAが「コミュニティボールパーク化構想」の一環として、ハマスタの座席をすべて〝横浜ブルー〟に塗り替えたのとは対照的である。

ただ、球場の一体感のなさは観戦する上ではラクな場合もあるのも事実だ。最近は内野席でもユニフォーム姿で選手タオルを掲げる熱心なファンが目立つ球場も増えたが、東京ドームの内野席や2階席の雰囲気はいまだにユルい。

ついでに、ビールの売り子嬢の可愛さは球界屈指。以前、取材した他球場の売り子の女子大生は「いつか激戦区の東京ドームで自分のやり方が通用するか試してみたい」と笑っていた。他球場に比べ、会社帰りのサラリーマングループや観光客の「ちょっと野球に来てみました」的な一見さんも多く、ビール片手にのんびり見るには適した環境だ。ソフィスティケートはされていないが、心地いい。行き過ぎた「洗練」は、時に猥雑な大衆娯楽のプロ野球の魅力を奪ってしまう。

次の巨人軍のホームスタジアムは？

正直、この項は当初「巨人もメジャーリーグのような総天然芝で開閉式屋根付きの自前スタジアムを建設すべき」という内容で書き始めていた。だが、どう考えても現時点では野球に特化した新しい「令和のジャイアンツスタジアム」計画は現実感が乏しい。

参考までに東京ドーム構想が動き出したのは1978年で工事開始は1985年、開場は1988年、工事期間は1036日、延べ23万7700人がかかわったという。球場は建設計画が動き出してから完成するまで、やはりそれ相応の時間と資金が必要だ。巨人もしばらくは東京ドームとともに戦う可能性が高い。恐らく、未来の坂本のNPB史上ふたり目の通算3000安打もこの地で達成されることだろう。

2023年には北海道北広島市に日本ハムの新本拠地「北海道ボールパークFビレッジ」が開業予定。2031年には東京でもヤクルトの本拠地、新神宮球場が完成する予定だ（当初の2027年から計画見直しで4年遅れに。2020年5月時点）。MLBのサンディエゴ・パドレスの本拠地、ペトコ・パークを参考に建設される都心の真新しいボールパーク。巨人としては完全に先を越された感は否めないが、となると今以上に総武線で数駅の近さにある借家東京ドームの古さが際立つだろう。

2028年には東京ドーム開場40年を迎える。坂本も40歳だ。その前後で、次代の巨人本拠地をどうするか本格的に語られる予感がする。

ここ数年はタブロイド紙で築地市場跡地での新球場建設プランが噂になったが、後楽園球場から東京ドームへと続く歴史は簡単に捨てない方がいいだろう。この地で、巨人は戦い続け栄光を勝ち取り、格闘家の男たちは命を懸け最強を決めるリングに上がり、日本の歴代アイドルグループは夢をかなえるためにステージで力の限り叫んだ。

プロ野球はもちろん、巨人という球団の立ち位置も一昔前とは大きく変わりつつある。だからこそ、国内最高峰の巨大ホールとして在り続ける、変わらない東京ドームの存在が重要だと思うのだ。時間をかけて築き上げたストーリー性や伝統だけは、カネを出しても買えやしない。

確かに東京ドームは野球場としては時代遅れなのかもしれない。だが、あの場所は我々が生きた「時代」そのものなのである。いわば平成の、日本エンタメ業界の無形文化財。そういう球場は、他にない。

2. 東京ドームは美味しいですか？

「球場飯」という醍醐味

「野球は間を楽しむ」スポーツである。

〃間〃とは言い換えれば非効率な無駄な時間である。様式美と言ってもいい。我々は皆、日常ではスマホの通信速度とか電車の移動時間とか効率性を求めながら、球場では無駄を受け入れるのだ。

安くてお手頃なコンビニ飯じゃなくわざわざ並んで球場グルメを食べたり、８００円もする生ビールを売り子から買う。そもそもテレビならタダ同然で観られるのに、数千円のチケットを購入して野球観戦する。

無駄をいかに楽しむか？　それがプロ野球観戦の醍醐味だと思う。だって、選手の防御率とか打率とかを覚えること自体が人生において無駄な行為だからね。「それじゃあ坂本勇人の今季打点数が明日の国語のテストに出ますよ」って、出ないよそんなの。マジ偉大なる無駄。でも楽しい。海の向こうじゃ申告敬遠に続いてワンポイントリリーフ禁止とか危うい雰囲気が漂ってきたけど、いつまでもそんな心の中のザ・グレート・ムダを大事にしていきたい。

東京ドームでは、２０１９年3月に25店舗が揃う「東京ドーム グルメストリート」が1階コンコースにオープン。おつまみからスイーツ、ベトナムやタイ料理まで幅広く展開している。２０２０年春にも、４階に「東京ドーム タベルバ！」という最大80名が楽しめるイートインエリアを新設予定だ。こちらは備え付けモニターで試合観戦もできるスポーツバル仕様である。数年前まで無機質な観光地というか、昭和のスキー場レストランのように遅れていたビッグエッグのグルメ事情だが、近年は急激に「球場飯」に力を入れている。

マツダスタジアムのカープうどん全部のせ、神宮球場の老舗「欅」のハヤシライス、横浜スタジアムの崎陽軒シウマイとみかん氷、甲子園で浜風に吹かれながら頬張る甲子園ホルモンカレーと各球場にはそこでしか食べられない伝統の味がある。

だが、東京ドームは（個人的にはナゴヤドームも）看板メニューがいまいちハッキリしない。年間30～40食前後はビッグエッグで食事をしているG党の自分にとって、これは憂うべき事態である。なぜなら、贔屓のチームのホーム球場とは、ファンにとって「実家」みたいなものだからだ。誰だってたまに遊びにきた友人から、「おまえの家の飯、いまいちだよな」なんて指摘されたら腹が立つ。「いや、美味いものだってたくさんあるんだよ」と反論したくなるのが人情である。

というわけで、本項では令和元年に東京ドームで食べた球場グルメの勝手にベスト5を書こうと思う。プロ野球の戦いはグラウンドだけじゃない。コンコースでも汗と涎の勝負がある。これは原巨人が5年ぶりのリーグ優勝を勝ち取った東京ドームで繰り広げられた、もうひとつの戦いの記録である。

2019年「ドームグルメ」ベスト5

では、早速ランキング発表といこう。

まず第5位は亀井善行プロデュース弁当『亀ちゃんのスペシャルおつまみ弁当　Ｐａｒｔ２!!』（１５５０円）。

基本的に球場の選手弁当はボリュームがエグい。まるで部活動でひと汗かいたあとの男子高校生向けみたいな脂っこさだ。だが、この亀ちゃん弁当はご飯少なめでおかずが多め。鶏天には「子どもが食べれんかったら嫌やしな」と抹茶塩をチョイスする優しさも亀井らしい。酒のツマミにも合い、子どもから大人まで食べられる全体的にバランスがいい味だ。まさに背番号9のプレーさながらの安定の弁当である。

続いて第4位は岡本和真の『ＴＡＰＩＯＫＡＭＯＴＯ～いちごミルクｖｅｒ．～』（６５０円）。

少し前に街中でも爆発的に増えたタピオカ店だが、自分のような中年男にとって日常でタピオカは遠い。どう考えてもレッドブルと王将の餃子の方が身近だ。でも、ちょっと飲んでみてぇなあ。けど、軟弱なタピ野郎と思われないか……。そんな時に「俺はタピオカじゃなく岡本に興味があってこいつをチョイスした」なんてエクスキューズが効く一品だ。いちご味を「ムッチャうまいっすよコレ！」と絶賛する2年連続30本塁打を達成した若き4番に乾杯。

さて、第3位は毎度おなじみ『東京ドームモナカアイス』（300円）。

小学生の頃、東京ドームに初めて来て食べた時と同じくモナカが歯にくっつく懐かしの仕様と味。時の流れとともにプロ野球も俺も変わっちまった。でも、モナカアイスは変わらない（パッケージデザインは変わったけど）。サイフにも優しい値段で、なんか買っちゃうこの感じ。バニラとチョコがあるが、個人的にはバニラ味がオススメだ。席に座ったままで、売り子から買えるというのもポイントが高い。デートでおネエちゃんにさりげなく奢ったらモテる（本当かよ）。昭和、平成、令和と生き抜いた東京ドーム定番の味をぜひお試しあれ。

ここで一息ついて、番外編を。2019年限りで引退したレジェンドたち。

阿部慎之助プロデュース弁当『最高です!! あべんとう～豪快漢飯ver.～』（1550円）は肉、揚げ物、ガーリックライスとまさに男飯。なんだけど、満腹になりすぎて試合中に眠気に襲われることもあるので要注意。このボリュームを継承するのは、やはりビッグベイビー仕様の特大ウインナーが話題の『岡本和真のスラッガー弁当!!』

（1550円）だろう。

もうひとり、シーズン中の突然の引退でファンを驚かせた『上原浩治　魂のアボカドチーズドッグ』（650円）は……正直に書くと、東京ドームは昔からホットドッグが絶望的に不味い。買った瞬間からソーセージが冷えていたり、パンも湿ってヘナヘナだ。調理方法に制約があるのは分かるが、先発ローテだけでなくホットドッグの戦力補強もジャイアンツの課題のひとつである。

ランキングに戻り、第2位は原辰徳監督プロデュース『原監督のヘルシー和懐石重』（2000円）。

値段も強気だが、それよりこの弁当の紹介動画をみてほしい。「うん、日本の食が凝縮してる感じがあるね。その中でヘルシーさが出てるしね。ここにもち麦がプラスされると画期的なお弁当になるね。むっふっふっふ。おいしいもの食べる時って笑うんですね。おいしい。ホントおいしい！　完璧」なんつって若大将が球界最強の食レポを披露する。さすが選手時代はCMに出まくっていただけある。顔芸も含めポテンシャルが桁違い。あのタツノリスマイルで「もち麦」を連呼されると、本当に美味しく感じるから不思議だ。ちょっと贅沢気分を味わいたい日にぜひ、むっふっふっふっ。

さあ、ついに独断と偏見で選ぶ東京ドームグルメも第1位の発表！　ハイ、ドン！

『丸佳浩×ピザーラ　丸の〝丸型〟ホームランミートピザ』（1100円）。

今年球場で最も食べたスタジアムグルメ。いつ買ってもほっかほっかのアツアツで座席で食べるのに大きさもちょうどいい。付属の特製アイオリソースもパンチが効いていてまたデラ絶品（註　巨人の抑え投手ルビー・デラロサの好投を評した「スポーツ報知」の名物見出し）だ。冷えたコーラと組み合わせるとスガコバコンビのように相性抜群。クセになる美味しさ。思わず心の中でかます丸ポーズ。

広島からやって来た背番号8は40本塁打の2番坂本を助け、序盤は打撃不振の4番岡本を救っただけじゃなく、東京ドームグルメの戦力アップにも大きく貢献したのである。

ありがとう、丸佳浩。おめでとう、ホームランミートピザ。

なお文中の情報はすべて2019年のものである。選手は猛スピードで入れ替わり3年もすればほとんど別のチームだが、球場飯の選手プロデュース弁当も毎年激しい生存競争が繰り広げられている。打撃成績が落ちたら、メニューからも名前が消えるシビアな世界だ。だから、今しかない。いつまでも行けばあるなんて思っちゃダメだ。食いたいと思った時に食わないと泣きを見る。

球場飯は儚い。実家の母ちゃんの手料理みたいなものだ。だからこそ、今夜も無性に食べたくなるのである。

3. 野球ファンが知らない「ビール売り子」のリアル

常連客からのプレゼント

2378番、2378番……。

彼女は汗とビールまみれのピンク蛍光色のユニフォーム姿のまま、東京ドーム1階三塁側のコインロッカー前に走った。常連の40代後半のお客さんから、7月のある日、誕生日プレゼントが入っているとキーを渡されたのである。

巨人歴代名選手たちが前面にデザインされたロッカーの2378番は、偶然か意図的か松井秀喜の横顔写真だ。なんかヤバイものとかガチすぎるブランド物とか勘弁してよ……と恐る恐る扉を開けると、そこに入っていたのは松坂屋の紙袋に入った正方形の四角い箱。包み紙を剝がすと、中身は高級夕張メロンだった。

持って帰って家族で食べましたよ。微笑みながら、そんな体験談を話してくれたのは、数年前の女子大時代に東京ドームで売り子をやっていたマユミさん（仮名／24歳）である。お客は売り子がビールを注いでお釣りを渡す数十秒の間に、質問してきたり、写真を撮りたがったり、名刺やプレゼントを刹那の素早さで手渡そうとするという。

「メロンは確か日曜夜のナイターでしたね。その方は年に何度か、愛知県から来てたので。週末の夜って地方から来るおじさんたちも多いんですよ」

彼らは出張の前乗り組だ。翌月曜朝からアポとか奥さんに色々言い訳を考えて、前日から都内のビジネスホテルに泊まる。って月曜の朝8時から打ち合わせる会社ってどんなだよ……なんて真っ当な突っ込みは野暮だろう。いつの時代も球場は日常からの一瞬の逃避行が許される空間だ。今夜だけは男たちは会社や家庭のことを忘れて、ひとりスーパードライ片手に野球を眺める。

就職面接に強い売り子経験

ビール売り子は先発投手と同じで立ち上がりが勝負だ。

最初の1杯目で、その日の常連をつけて「次もあの子で」と思わせるために。緊迫の投手戦より景気のいい打撃戦の方が売れるので、「かっ飛ばせ、かっ飛ばせ」なんつって胸の内で念じながら階段を駆け上がる。客席の動きをよく観察し、小銭だけでなく大きいお札にすぐお釣りを出せるように、千円札の束を指に挟んでスタンバイ。不意に目が合ったら、ニッコリ笑ってみせる。

売り子に必要なのは容姿はもちろん、〝笑顔とトークと根性〟だ。そのまま社会人に求められるスキルなので（昨今のコンプライアンス的にはアウトかもしれないが……）、球場で鍛えられた女子は就職面接に異様に強いらしい。

もちろん野球にも詳しくなる。首元に巻くタオルは目立つ色で自分の好きな選手だったり、マニアックにその日の先発投手の出身校をチョイスすることもある。お客さんが「あぁこの子、分かってるね」と顔を覚えてくれるから。

でも、頭につける花飾りは2年目からが暗黙の了解だ。

「1年目をなんとか乗り切って、2シーズン目の開幕前に同期と花を買いに行くのが妙に嬉しかったのを覚えてます。先輩たちは怖くて、常連さんに気付かず売っちゃうと通路で文句言われたこともありましたね」

毎日ガチンコ！　売り子バトルの真実

勤務前、ドームへ向かう総武線車内で野球ニュースをチェックするのが日課。今でも当時のセ各球団のスタメン暗記してるなぁと懐かしそうに振り返るマユミさんは、1日200～300杯のビールを売っていた。ビール半額ナイターは400杯前後出る日もあるという。

ちなみに歩合制で1杯800円で売ったら30円バック。時給950円＋歩合の合計は基本的に日給1万円を超える。20時45分か8回裏終了時まで売って、約5時間の拘束と考えても1時間2000円以上の稼ぎ。学生バイトとしてはおいしい仕事である。

「でも、背負うタンクが重くてすぐ辞めちゃう子も多いし、売上げに対するプレッシャーも凄い。先輩は売る技術を教えてくれないから、結局は自分で経験して時間をかけて覚えます」

華やかな見た目とは裏腹に、売り子の生存競争は過酷だ。

18時試合開始のナイターなら、16時過ぎに球場入り。その日、球場に行くまで何を担当するか分からない。花形はもちろんビール。それが新人や数字の悪い子は1杯あたりのインセンティブが安い焼酎やサワーになり、やがてジュースになり、気が付けば姿が消えている……野球選手と同じで結果を出さなきゃポジションを失う。

なお売上げ上位ランキングは打率ベスト10のように翌日のロッカールームに貼り出され、嫌でも意識するライバル関係。仲のいい同期もこの時ばかりは倒すべき敵だ。まるで選抜グループを総選挙で争うアイドルグループ並みのハードさである。実際、球場によっては売れない地下アイドルの子たちが結構働いているという。

控え室にはアイドルの卵、フリーター、人妻、学生、キャバ嬢、元レースクイーンまでいる。それぞれのバックボーンや同期の繋がりで自然とグループができるが、この辺は普通の学校の教室と変わらない。本能的に自分と合いそうなタイプの子を探してくっついてるあの感じ。印象に残ってる同僚を聞くと、マユミさんは「とんでもない年上キラーがいました」とひとりの女性を紹介してくれた。

「東京ドームで自分の力を試したい」

「なんか最近出会ったおじさん、みんなキスしたがるんですよね。ま、しないけど」

えっ？　クールな顔して、いきなりクレイジーなパワーワードの登場だ。

今もセ・リーグ某球場で売り子を続けるワカナさん（仮名／22歳）は、元・乃木坂46の西野七瀬に少し似た正統派美人である。この仕事を始めたのは高校卒業直後の18歳の春だという。過去に関東近郊のいくつかの球場を掛け持ちしていたキラーワカナが語る「ビール売り子のリアル」は非常に興味深い内容だった。

「やっぱりまだセ・リーグが人気高いですよね。パ・リーグの球場で売り子をやっていた時は、日本ハムやソフトバンクはまだいいんですけど、オリックス戦とかになると観客数が少ないのでテンションはかなり落ちました」

それでも常に売上げ上位にランクされていたワカナさんは、一度買ってくれたお客さんの顔と名前は覚えて、球場で見かけたら自分から「〇〇さん、お疲れさま！」って笑顔で手を振ることを徹底していた。ポイントは〝丁寧なタメ語〟。年上に強いのは敬語よりも軽く、友達タメ語よりはリスペクトがある絶妙な〝丁寧なタメ語〟。ここマジ重要……って、もはやなんだかよく分からないコラムだが凄いテクだ。

お気に入りの売り子を見つけた常連客はやがてインスタや Twitter のアカウントを探し当て、直接メッセージを送ってくるケースも多い。さすがにそこまでいくと疲れないかと聞くと、「だって売り子の営業用とプライベート用はアカウント分けてますからね。売り子用は返事を返さないし、男友達の存在も一切臭わせないようにして。そういう子も多いですよ」とあっさり告白。ただ、球場によっては追っかけファンに注意しなければいけないケースもあるという。

「神宮とか東京ドームは複数の最寄り駅があって、帰りルートが分散されるじゃないですか。でも最寄りがひと駅に集中するメットライフドームとかは気をつけないとヤバイです。お客さんも仕事終わりの待ち伏せは最低限のマナーとしてやめてほしいですね。それで嫌になって辞めちゃう子もいるので」

常連ファンとの距離感問題、まさに球場で会えるアイドルだ。

もちろん時に客だけでなく選手から誘われることもある。数年前、まだ世の中も球界も今よりユルかった頃、ワカナさんが時々働いていた横浜スタジアムは選手と売り子の入り口が一緒で、可愛い子はよく声をかけられたという。球場によっては、ベテラン売り子が仲介して選手との合コンも開催されていたが、当時10代だったのでさすがにその手のお酒の誘いは来なかったですね、なんて熱狂の日々を振り返るワカナさん。

大学4年生で今シーズンが売り子ラストイヤー。なぜ、決してラクではないこの仕事を4年間も続けられたのだろうか？

「うん。気分的に部活でしたね。完全に」

いい成績を出すために走り回り、同世代の女子と汗かいて、数字で勝負する。一定の樽数をクリアすると、達成金という形でボーナスが貰えた。シーズン終わりの納会で年間上位の売り子には表彰もある。普通に学生をやってたら、そんなガチの競争がある環境ってなかなか経験できない。確かに、学生時代に受験やスポーツを限界までやったことがある人の方が少ないだろう。そう言う自分もそうだった。完全燃焼できないまま、ほどほどにそれなりの日々は過ぎていく。なぜ甲子園の高校野球は人気があるかと言うと、あれは国民の〝疑似青春追体験イベント〟だからである。あんな風に全力で何かに打ち込んでみたかった。人は大人になり、テレビの前でそう思う。

「あたし、売り子やるまであまり頑張ったことなかったんですよ。バイト始める前も親から『あんたには絶対無理だからやめとけ』とか止められたし。でも、やっている内にどうすれば売れるかとか、同期に負けたくないって気持ちが出てきて、4年間も続けられた。いつか売り子のトップが集う東京ドームで自分の力を試してみたいとか思ったり」

じゃあ本当にビール売り子をやって良かった、と？

「でも今も球場行くまでは超嫌ですよ。あぁ今日も始まるのかって。だけど、不思議と鏡の前でメイクして髪型セットして、あの重いタンク背負うとスイッチが入る。よしっいくぞって思うんです。おじさんたちに負けねぇぞって。あ、今日もこれから球場なので、ぜひ買いに来てください」

〝丁寧なタメ語〟で接客しますから。彼女はそう言って、楽しそうに笑った。

4．巨人ファンは他球団をどう見ているか？

ペナントレースは日常だ。

我々の生活も祭りの中にではなく、日常の中にある。巨人ファンにとって、いわば年に一度の〝お祭り〟の交流戦や日本シリーズで戦うパ・リーグ6球団に対しては、あらゆることが新鮮で漠然といいところばかりが印象に残る。対照的にペナントレースという普段の〝日常〟の中で繰り返し戦うセ・リーグ球団とは、もう何十年にもわたり、勝った負けたと戦い続けてきた関係性だ。

下手したら友人や恋人よりも付き合いは長い。この項はそんな酸いも甘いも知り尽くした関係をG党目線で余すところなく書き下ろしたものである。

【阪神タイガース】

人は死ぬまでに一度は甲子園でナイター観戦をすべきだ。広大で重厚感のある野球の聖地で、陽が落ちる直前にオレンジ色に照らされるグラウンドは日本のスタジアムで指折りの美しい風景だろう。

もちろん甲子園の三塁側から眺める阪神タイガースの応援は圧倒的だ。歴史もあり、人気もある。大阪でテレビをつけると朝や夕方のニュース番組で阪神情報を伝え、スポーツ新聞もタイガース情報で溢れている。巨人を強烈にライバル視する関西の古豪である。

しかし、巨人ファンは「他球団をライバル視する」という感覚が12球団で最も希薄だろう。常に意識する側ではなく、意識される側。嫌う側じゃなく、嫌われる側だった。一昔前より減ったとはいえ日本各地でのメディア露出度は他球団より高く、優勝回数は最も多く、資金は豊富でFAでも大抵は獲る側だ。「巨人ファンにこっちの気持ちが分かるか?」って分かるわけがないのである。そして、そういう大多数の巨人ファンのスタンスが、さらに他球団ファンの神経を逆撫でするお馴染みの図式だ。

伝統の一戦も近年は昭和の江川卓と小林繁のような因縁のドラマもなく、バース・掛布雅之・岡田彰布のバックスクリーン三連発のような印象的なシーンも少ない。

巨人が原監督だけで8度のVを達成しているのとは対照的に、阪神のリーグ優勝は2005年までさかのぼらなければならない。球場の「くたばれ読売」という掛け声も、巨人側は今のところ圧倒的に勝っているからこそ、それを受ける心の余裕があるわけだ。ちなみにG党が相手球団に対して「くたばれ○○」と叫ぶのは耳にしたことがない。別に善人が多いわけではなく、やはり基本的に勝ってきたので他球団をライバル視する感覚がないのである。

不思議なことに現在3年連続日本一と圧倒的な強さを見せるソフトバンクでも、「アンチホークス」という単語はほとんど聞かない。やはり、ある種の熱を生むアンチ巨人は貴重なのである。

恐らく、甲子園の虎キチから「くたばれ読売」と言われなくなった時が、巨人の真の危機ではないだろうか。

【広島東洋カープ】

2016年から2018年までV3を達成したカープ。しかし2年連続MVPプレーヤーの丸佳浩の禁断のFA移籍で形勢が逆転すると、2019年は巨人がV返し。その丸の人的補償で移籍した長野久義はキャリア最低の成績に終わった。ファン心理は不思議なもので、移籍選手と対戦した時に大活躍されると嫉妬まじりに腹が立つが、あまりに新天地で不甲斐ないと「ウチが舐められるからしっかりやれよ」なんて思ってしまうから勝手なものである。

長嶋巨人を下し球団創立26年目での悲願の赤ヘル初優勝、怪物・江川卓が最も本塁打を打たれたのは山本浩二（註　阪神の掛布と並んで14本）だったし、津田恒美の剛速球は若大将・原辰徳の左手の有鉤骨を砕いた。昭和の時代から熱戦を繰り広げていた両チームだが、平成に入ると間もなくそこに「FA移籍」というアングルが加わり、過去に川口和久や江藤智といった主力が巨人へ移籍。彼らは指導者として引退後もジャイアンツのユニフォームを着続けた。近年は大竹寛の人的補償・一岡竜司が、一時期カープのセットアッパーとして活躍するという逆転のドラマも生まれている。

マツダスタジアムは9割方カープファンで埋め尽くされ、親子連れが自転車で駆け付けたり、球場外からのユニフォーム着用率が高いのも広島ならではの光景。12球団の本拠地で最も新しいスタジアムなだけに前席や隣席との間隔は広く、非常に快適に観戦できる。

もちろん数年前に話題になったカープ女子もすっかり定着。広島市民球場時代からの熱心なファンもいれば、同時に11年前にマツダスタジアムができてからの新規顧客も着実に増え続けている。プロ野球が文化として日常に定着している土地、まさにカープのホームタウンだ。

もしかしたら、Jリーグが掲げた地域密着のスポーツクラブの日本における理想型が広島カープなのかもしれない。そして、その一体感は全国から人が集まる大都市・東京の球団にはなかなか実現が難しい。育てるカープと獲る巨人、球団経営からそれを支えるファン気質まで大きく異なる両チームの対決は、いわば令和の球界イデオロギー闘争なのである。

【横浜DeNAベイスターズ】

一昔前にドラフト候補選手がよく口にした「在京セ」という言葉があった。第一志望の巨人以外にも、関東のセ・リーグ球団のヤクルトか大洋なら入団を考えるという意味で、実際に江川卓や原辰徳もドラフト前に巨人以外の希望球団として、「大洋」を挙げていた。

だが、ファンからしたら本命大学の滑り止め受験のような扱いをされた屈辱は忘れない。今もヤクルトと横浜ファンの間に他球団とはまた違う、ジャイアンツアレルギーが強いのもこの時代の記憶が残っているからだろうか。逆に40代以上の関東のG党からしたら、いまだその「在京セ」という括りで勝手に親近感を感じていたりもするので、なかなか切ない片想いである。

1980年代は巨人相手に大きく負け越し、「横浜大洋銀行」がスポーツ新聞の見出しを飾ったほどだったが、近年は高田繁GM・中畑清監督体制を経て、現在はラミレス監督と巨人経由の人材も積極的に登用。ここ数シーズンでチーム力は着々と上がっており、クライマックスシリーズ出場も珍しくなくなった。なお南場智子オーナーは、20

20年から女性として初めてオーナー会議の議長を務める。

2015年にはDeNA球団5周年の記念ロゴ入り野球帽を神奈川県の子どもたち72万人に無料配布しており、横浜のチームとして根付かせようとする強い意志が感じられる。最寄りの関内駅出口には青い巨大ヘルメットのオブジェが掲げられ、こちらも街と一体となりファンをお出迎え（一方、「闘魂こめて」のBGMが流れる水道橋駅には、YGマークの巨大ヘルメットはない）。日本中にファンが散らばる老舗の巨人や阪神は、地域密着をそこまで意識しなくとも球団経営が成立する背景の違いはあれど、どちらかと言えば保守的な球団の多いセ・リーグでは珍しく、新しいものを積極的に取り入れるスタンスが目立つ。

本拠地の横浜スタジアムは客席を含めチームカラーのブルーで統一され、着々とコミュニティボールパーク化が進んでいる。観客動員も好調で、2011年に1試合平均で約1万5000人だった観客動員数は、2019年は球団新の3万1716人を記録するなど、ここ数年で急激にDeNAファンが増えた。しかし、ベースは昭和にできた球場のため席間が異様に狭く、ホームとビジターのファンがランダムに密集する三塁側内野席は、ハマスタ名物の絶品オリジナルクラフトビールを呷《あお》った酔っ払い同士のトラブルも多い（あくまで個人的な感覚だが、巨人戦時の治安もセ本拠地で最も悪い）。果たして、完成したばかりのレフトウィング席の新設によりこの緊張が緩和されるだろうか。

【東京ヤクルトスワローズ】

東京を本拠地とする両チーム、特別ユニフォーム着用や来場者パンフレット配布を行う恒例企画「ＴＯＫＹＯシリーズ」も定着した。都心に建つ神宮球場の立地環境は素晴らしく、球場グルメのカレーライスやハヤシライスの昔懐かしい味も健在で、首都の四季の変化を感じながら野球を楽しむことができる。友人とのグループ観戦やデートで行くなら、東京ドームよりも開放感のある神宮球場がオススメだ。

１９９０年前後のバブル全盛期は伝統の堅い巨人とは対照的に、明るく楽しいフジテレビ的なイメージを持つヤクルトの雰囲気が少年ファンにはちょっと羨ましく感じられたものだ。今だからカミングアウトすると、物心ついた時からＧ党の自分も小学生の頃に池山隆寛の下敷きを持っていた。

両チームの本拠地は水道橋と信濃町のJR総武線でわずか8分の近距離だが、潜在的にヤクルトファンのアンチ巨人率は高いように感じられる。それは、長年にわたり巨人が一方的に勝ち続けてきたからではなく、主な理由はふたつほど考えられる。

まず1990年の野村克也監督就任により、過去のオーナーいわく「ファンが多い巨人に勝ったら、ヤクルトが売れなくなるので勝たなくてもいい」的なぬるい雰囲気を一掃。ノムさんは巨人に、そして1993年に復帰した長嶋監督を強烈にライバル視することで、殺伐としたガチンコ勝負を挑んだ。1994年5月11日の神宮球場における度重なる乱闘騒ぎ（村田真一が側頭部死球に倒れ、ブラッシュボールを投げられたダン・グラッデンは激怒して捕手・中西親志と殴り合い指を骨折）から、セ・リーグ・アグリーメントが現代まで続く「頭部顔面死球があれば、投手は即退場」と改められた。

そんな死闘の記憶に加え、1990年代から長嶋巨人はヤクルトの主力選手を立て続けに獲得。長嶋一茂……じゃなくて、広沢克己、ジャック・ハウエル、ロベルト・ペタジーニ、アレックス・ラミレス、セス・グライシンガー、ディッキー・ゴンザレスと、G党すらドン引きするぐらいの仁義なき引き抜き合戦を仕掛けた。

獲る方はすぐ忘れても、獲られた方は痛みを忘れない。巨人なら何をやっても許されるのか？　国鉄時代の大エース400勝投手の金田正一も、気が付いたら巨人OBみたいな雰囲気だ。昨オフはウラディミール・バレンティンの移籍先がジャイアンツじゃなくソフトバンクでまだ良かった、なんて声も聞かれた。近い将来、国内FA権を取得予定の山田哲人を巡り、タブロイド紙ではすでにさまざまな報道が出ている。

ノムさんが遺した「仁義なき戦い　東京編」は、令和の時代もまだまだ続きそうである。

【中日ドラゴンズ】

平成の名勝負数え唄。ともに親会社が新聞社の絶対負けられない戦いには、まさにその言葉が当てはまる。1994年には、ナゴヤ球場で最終戦で勝った方が優勝の伝説の〝10・8〟が行われ、プロ野球史上最高のテレビ視聴率48・8パーセントを記録。あのイチローも野球少年に戻り、内野席で焼そばを頬ばりながら観戦した〝国民的行事〟である。

さらに21世紀に突入してからは、1990年代の長嶋巨人と野村ヤクルトを彷彿とさせる、原巨人と落合中日の名勝負が繰り広げられた。原辰徳と落合博満の両指揮官がしのぎを削った2006年から2011年の6シーズン、リーグ優勝回数はそれぞれ3度ずつ。2007年から開始されたクライマックスシリーズもファイナルステージは4年連続でGD決戦が続いた。

巨人が優勝すると読売新聞の手記で「(中日の) スポーツの原点から外れた閉塞感のようなものには違和感を覚えることがある」と珍しくガチンコでかち食らわす原監督に対し、「俺がこの状況に手をこまねいていると思うか？　見くびるなよ」なんて強気な姿勢を崩さないオレ竜監督。乱闘も減った平成後期の球界では異質な、その半端ない緊張感は球場の客席にも伝わり、当時の両チームの対戦には多くの野球ファンが注目したものだ。

今の原辰徳に足りないのは、あの頃の落合博満のようなライバルではないだろうか。NHK『サンデースポーツ2020』のセ・リーグ6球団の監督座談会では、参加者唯一の60代で圧倒的な経験と話術を持つ原監督が、「やりたいのか、やりたくないのか。

なかなかみなさんの意見が聞けないものですから」なんてセ・リーグDH制導入についていきなり質問したりと、ひとり場を制圧していた。だが、もしあの場に落合がいたらどうだっただろうと考えてしまったわけだ。そんな妄想をしてしまうほど、平成後期の両チームのグラウンド内外のせめぎ合いは見ていて楽しかった。

だからこそ、ここ数年は寂しささすら感じる。中日は7年連続Bクラス中で、東京ドームのドラゴンズ戦は集客に苦戦しており、来場者グッズ配布等のイベントを集中的に打っているイメージがある。もちろん根尾昂や石川昂弥といった将来楽しみな若手有望野手をドラフト1位で獲得したが、分かりやすい全国区のスター選手の不在というのも東京での集客低迷に繋がっているのだろう。

ちなみにナゴヤドームの周辺デザインや施設もそれなりに綺麗だが、これといった個性がない。球場としての特徴がないのである。いつまでもチームで最も有名なのが、マスコットのドアラでは寂しい。打倒巨人に命を燃やした星野仙一が泣いてるぞ。名勝負数え唄の復活を待つ。

5. 巨人ファンは永久に不滅なのか？

星野巨人、イチロー獲得、清武の乱……

「星野氏遂に決意　巨人監督受諾」

２００５年9月2日付の「東京スポーツ」一面にそんな見出しが躍った。巨人・滝鼻卓雄オーナーが阪神・手塚昌利オーナーに星野仙一シニアディレクターの譲渡を懇願。星野ＳＤには年俸10億円を提示し、都内の滞在先には巨人の渡邉恒雄球団会長が訪ねてきて直々に頼んだという。生え抜き以外では初、さらに補強や人事の権限も与える異例の待遇での招聘に闘将も喜びに打ち震えた。

「あのナベツネさんが俺に頭を下げた。勝ったと思った。ドラフトで取ると言って、俺を取らなかった巨人が、だ。初めて外様を監督にすると」（「日刊スポーツ」２０１３年

9月27日)
当時、堀内政権は限界が見え、頼みの長嶋茂雄も病に倒れ、王貞治はすでにホークスで指揮を執っていた。追い詰められた球界の盟主が選択した禁断のカード。間違いなく、巨人は本気だったのだ。しかし、コーチングスタッフまで話し合いながらも(「週刊現代」では原辰徳助監督プランがスクープされた)、最後の最後で星野氏自ら渡邉氏に断りを入れたという。
この時、巨人OBはもちろん、ファンの大半は「星野巨人」の誕生には否定的だった。チームの顔は生え抜きのスーパースターが伝統の巨人らしくないと。なお2007年には、全盛期のイチロー(当時マリナーズ)の獲得を狙い、背番号51も乗り気で代理人は巨人の宮崎キャンプの環境確認まで行ったが、こちらも最終的には実現することはなかった。当時のイチローのインタビューでこんな印象的な発言がある。
「いくらカネを使っても、あちこちのチームから選手を集めても、強い巨人を作るんだということに徹する。東京ジャイアンツには、そういう存在でいてほしいんです。でも、やっぱりそれを嫌いな人がたくさんいて、この何年か、そういう振る舞いがちょっと揺

らいでいる感じがします。世の中の圧力にキングが揺らいでいる感じ」（「週刊プレイボーイ」2008年1月7・14日号）

そう、この時期はなりふり構わず勝つという巨人のアイデンティティが揺らいでいた。球界再編で北海道や東北や九州では新規ファン開拓の成功に加えて、元G党が地元に近いチームの応援に流れるケースも多く見られ、メディアでの取り上げ方や野球ファンの価値観も急激に変化。時代をリードしてきた巨人が、時代の変化に呑まれかけていた。12球団がフラット化する中、大物を並べた〝史上最強打線〟はあっけなく崩壊。いつまでそんな時代遅れの価値観でチーム作りをしているのかという周囲からの真っ当な突っ込みに、球団にも迷いが見えた。特に最大の理解者で味方であるはずの自軍ファンから、疑問の声が絶えなかったのは致命的だったように思う。

やはり人気商売のプロ野球にとってファンの声は大きい。2011年秋、当時の清武英利球団代表が文部科学省記者クラブで突然、記者会見を開き、渡邉恒雄球団会長を告発した。巨人の来季のヘッドコーチ人事が渡邉会長の一声で覆されたことに怒った清武代表が、「会社の内部統制、コンプライアンスに大きく反する行為であると思う」と会長の球団の私物化を告発するものだった。これに対して桃井恒和オーナーは「私の知らないところでああいう形で（会見を）やったということは、球団のコンプライアンス、内部統制という意味ではとんでもない話だと思っています」と応戦。老舗球団のお家騒動は、「清武の乱」とメディアを賑わすことになる。

いわば理不尽な上司に我慢できなくなった中間管理職の反乱だ。上に噛みつくサラリーマンという企業小説のような鉄板アングルだったが、その己のクビをかけた清武氏の戦いが巨人ファンから支持されることはほとんどなかった。なぜなら、渡邉球団会長が実現させようとした人事案は「江川卓ヘッドコーチ」だったからである。つまり、あの昭和の怪物・江川が１９８７年の引退以来、24年ぶりにジャイアンツへ戻ってくるというわけだ。

１９５５年生まれの江川は同世代の人間に絶大な人気があった。１９７８年秋に野球協約の盲点を突いた〝空白の１日〟騒動（「ドラフト会議で交渉権を得た球団が、その対象選手と交渉できるのは、翌年のドラフト会議の前々日まで」という、会議前日は準備にあてる事実上の紳士協定を「ドラフト前日はフリーの身分になるので契約可能」と主張）による入団で、江川と巨人は日本中から叩かれた。一方で若者たちは大人の世界でどんなに叩かれようが腕一本で飄々と生きる背番号30に対し、自分たちシラケ世代の代表と支持する者も少なくなかったのだ。調整登板で後楽園球場での二軍戦に先発すると前代未聞の5万人の大観衆が詰めかけ、ブーイングに負けじと〝エガワコール〟をする観客の8割は20代の若者だったという。

怪物投手は3年目の1981年には20勝を挙げ投手タイトルを独占。この年に新人王に輝いたのが原辰徳である。1980年代の巨人においてエース江川と4番原は投打の柱の〝ETコンビ〟と呼ばれたが、時を経て21世紀に実現しかけた「原監督に江川ヘッドコーチ」という、ドリームタッグの結成を結果的に清武氏は潰してしまった。これではG党から支持されるわけがない。企業の倫理としては正しくとも、ファンとしてはそんなことよりも江川の現場復帰を見たかったのである。この件に関して言えば「悪名は無名に勝る。江川なら客を呼べる」と目論んだ百戦錬磨の渡邉会長の方が上手だった。清武氏には決定的に「ファン目線」が欠けていたのである。

G党にとって最大の敵とは？

江川事件にしろ、清武の乱のゴタゴタにしろ巨人ファンは外側から何か言われるのには慣れている。清原和博が涙を流したKKドラフト、度を過ぎた大型補強、近年の賭博問題となにか事件が起こる度に〝球界のヒール（悪役）〟として良識派から叩かれてきたからだ。

インターネット上やＳＮＳでも、批判は真正面から受け止めずに流す〝スルースキル〟がG党には身についている。いわば、「それはそれ、これはこれ」のスキャンダルと野球は別物という価値観で巨人を応援してきた。タブロイド紙に叩かれるのももはや伝統芸の域だし、これだけアンチにまで意識されるのは12球団でウチだけという優越感にも似た余裕すらある。

だが、一方で内側から言われると意外に脆い。かつて、１９９４年の日本テレビでこんなコピーがあった。

「巨人を棄てる。」

「今年、私は、巨人を棄てます。サビついた栄光に、カビのはえた伝統に、しがみつくのは、もうヤメです」という文章に加え、長嶋茂雄の引退セレモニーに赤い巨大なバツ印がつけられたポスターは不評どころじゃなく、多くのファンの怒りを買い、キャンペーンも早々に終了した。

フォローしておくと、日テレの劇空間プロ野球中継では、1992年に「巨人を観ずに、めしが食えるか。」、1993年は「巨人を観ないと、日本はどーなる。」という路線で星一徹のビジュアルとともに話題となり概ね好評だった。それが「巨人を棄てる。」は逆鱗に触れてしまった。あれだけ普段はアンチ層からの攻撃に慣れているはずなのに、身内とも言える日本テレビによる天下のミスターを否定するかのような自虐路線は許せなかったのである。

そう、G党にとって最大の敵は外側じゃなく、内側だ。ファンが強く意識するライバルチームはいない。見ているのは他球団じゃなく、あくまで球界の主役・巨人だからだ。とにかく「強い巨人」が見たい。セ・リーグで37度、1リーグ時代を含めると通算46度の優勝回数と圧倒的に勝ち続けてきた。つまり、12球団で最も「負け慣れていないファン」でもある。

85年以上の長い球団史で最下位は1975年の第一次長嶋政権の1年目のみ。「4番サード長嶋」のいないチームは47勝76敗7分けで全球団に負け越し、初優勝を飾った広島とは27ゲーム差をつけられ、巨人ファンが集い「長嶋巨人を励ます緊急大集会」という前代未聞のデモまで起きている。

やはり神がかったV9時代をリアルタイムで見ていたON世代のファンは、とにかく勝利にこだわる傾向が強いように思う。しかし、1970年代以降生まれのG党は比較的冷静に「普通の巨人」の一面も受け入れているように見える。勝つことはもちろん大事、でも結果以外の楽しみもある。ぶっちぎりのナンバーワンでなくとも、自分たちのオンリー・ワンの球団でいてほしいというスタンスだ。

例えば芸能人の巨人ファンで有名なアナウンサーの徳光和夫（1941年生まれ）はひたすら長嶋愛と常勝巨人について語るが、元SMAPの中居正広（1972年生まれ）は自らが巨人ファンであることを認めつつ、侍ジャパンの公認サポーターを務めたり野球界全体を捉えた発言も多い。アイドルで女優の橋本環奈（1999年生まれ）は「私にとっての由伸さんは、みなさんが長嶋さんや王さんに感じる、ヒーローに近いものなのかもしれません」（「スポーツ報知」２０１６年1月26日）と憧れを隠さない一方で、地元福岡のソフトバンクとの日本シリーズが夢の対決だと無邪気に語る。

巨人ファンは一時期よりは減ったとはいえ、いまだに12球団で最もファン数は多いだろう。そして、Ｖ９世代、地上波中継時代を知る世代、松井秀喜の巨人時代をリアルタイムで知らない若者世代と同一球団の中でも、ファン同士の背景と価値観に分かりやすい世代の断絶がある特殊なチームでもある。

巨人ファンであることを全面肯定したい

昭和の頃、ジャイアンツを応援することは当たり前の行為で日常の風景のひとつだった。それが大型補強や球界再編時の1リーグ制構想への中心を担っていた平成の中期あたりから、野球ファンの中で「巨人ファンです」と言うのに微妙な後ろめたさを感じることすらあった。時事芸人のプチ鹿島氏は自身のコラムでこう書いている。

「じつはもうひとつ複雑なものを抱えていた。それが『巨人ファン』という『あまり人前では堂々と言いづらい』物件である。たとえば『どこのチームのファン？』と聞かれ

『……巨人です』と答えると、野球に詳しいという相手ほど『あぁ（半笑）』という表情になる。私の経験で言うのだから間違いない。『巨人ファン＝野球のことをよくわかってないミーハー』と断定されるのだ。昔のプロレスファンが少数派のコンプレックスを抱えたとしたら、巨人ファンにつきまとうのは多数派のコンプレックスである」（「KAMINOGE」vol.36）

私が「プロ野球死亡遊戯」というブログを始めた2010年も、そういう視線はまだ確かにあった。野球の書き手が巨人ファンを堂々と公言するなんて自殺行為に近かった。アンチからは恰好の標的になるし、当時のプロスポーツライターは「巨人を斜めから見て否定的に書く」という行為が業界の〝多数派〟になっていたのだ。その方が野球ファンから「分かっている」と認められるから。同時にこの状況はチャンスだと思った。巨人ファンという多数派と、巨人を真正面から書く少数派の両方の視点を手に入れることができるからだ。

そして令和の今、プロ野球が国民的娯楽の役割を終え、栄光のV9時代から半世紀近く経過し、ことあるごとにリーグ離脱をチラつかせてきた理不尽なジャイアンツパワーはもうない。いまだに巨人は強豪チームだが、常勝チームではなくなった。そんな現実を受け入れつつ、ファンは心のどこかで球界の中心にいるという「盟主の覚悟」までは棄てないでほしいと願うのだ。それは、積み上げてきた「伝統」とも言い換えられる。

未来のチームを託されるであろう阿部慎之助二軍監督が、現代の指導法と昭和のスパルタ路線を組み合わせ若手を鍛えるジャイアンツ球場は、〝球場〟というより、〝道場〟の雰囲気だ。２０２３年3月には、東京・稲城市に天然芝のファーム専用球場を建て、商業施設も併設して「ＴＯＫＹＯ ＧＩＡＮＴＳ ＴＯＷＮ」（仮称）とする計画も進行中で、さらに育成部門に力を入れていくのだろう。

仮にそこで埋もれ伸び悩んだ才能が、他球団へ移籍後に開花しても、それがＮＰＢを代表するビッグクラブの宿命だと笑い飛ばすくらいのタフさは、巨人ファンにとって逆風の平成30年間で身につけたつもりだ。

ようやく必要以上に力まず、後ろめたさも感じず、「普通に巨人ファンでいられる時代」が到来しつつある。同時に「また読売がやりやがった」と他球団ファンからほとんど突っ込まれなくなった平穏でノーサプライズの日々に、ほんの少しの寂しさも抱えながら、G党は前に進もうとしている。

リアルとファンタジーの境界線かつ、古さと新しさの狭間に存在する愛すべき球団。昭和の狂熱も、平成の混沌もない、令和の巨人軍。〝あの頃の巨人軍〟は永久に不滅ではないのかもしれない。それでも、私はこれからも「今の巨人ファン」であることを全面肯定して生きていくつもりである。

おわりに

新型コロナウイルスの感染拡大の影響に伴い日本が、そしてプロ野球界が揺れる中、この本は書かれた。過去のスポーツ新聞や雑誌の調べものがしたくても、国会図書館の東京本館は3月上旬から来館サービス休止中で、4月の緊急事態宣言後は大型書店も休業するところが増えた。食事以外は外出することもほとんどなく、仕事部屋にある資料や映像を漁りながら執筆していたが、不思議と巨人のことを考えている時間は、世の中の暗いニュースを忘れられた。

プロ野球は平穏な日常の象徴だ。エンターテインメントは、通常の生活というベースがあってこそ成立するのだとあらためて実感している。早く野球が見たい。毎日夕方6時になると、心のずっと奥の方がうずく。巨人の試合を求めてうずくのだ。だから、今はそのいつもの日常が戻ることを信じて、ペナントレースの開幕を待とうと思う。

最後に、本書の完成まで根気強くリードしてくれた、現役巨人ファンでもある新潮社の金寿煥編集マンには感謝したい。彼と初めて会ったのは真夏の神宮球場の客席だった。
それでは、この本を手に取ってくれたすべての方々と、またオレンジ色に染まる超満員の東京ドームで会える日が来ることを願って。

２０２０年５月

中溝康隆

【初出】

・「デイリー新潮」連載「ワンス・アポン・ア・タイム・イン・巨人軍」：第一部「1．さらば昭和の読売巨人軍」「2．終わりの始まり」「3．『失われた10年』の救世主」「4．令和の原辰徳」「6．獲るか、育てるか」「7．ジャイアンツの『ロスト・ジェネレーション』」「8．クロマティの幻影」、第二部「1．『異端のスペシャル・ワン』坂本勇人」「2．「『愛と幻想のエース』菅野智之」、第三部「1．東京ドームは好きですか？」

・「Ｎｕｍｂｅｒ Ｗｅｂ」２０１９年12月22日：第二部「6．元祖〝クセ者〟の30年」

・「ＳＰＩＣＥ」２０１９年12月17日：第三部「2．東京ドームは美味しいですか？」

・「文春野球コラム」２０１８年９月22日：第三部「3．野球ファンが知らない『ビール売り子』のリアル」

・書き下ろし：第一部「5．堀内政権は本当に〝暗黒期〟だったのか？」、第二部「3．そして亀井だけが残った」「4．小林誠司、ポスト阿部世代の憂鬱」「5．名脇役、募集中。」、第三部「4．巨人ファンは他球団をどう見ているか？」「5．巨人ファンは永久に不滅なのか？」

中溝康隆　1979年埼玉県生まれ。ライター。現役巨人ファン。2010年開設のブログ「プロ野球死亡遊戯」が話題に。著書に『プロ野球死亡遊戯』『原辰徳に憧れて』など。Twitter：@shibouyuugi

Ⓢ新潮新書

865

令和《れいわ》の巨人軍《きょじんぐん》

著　者　中溝康隆《なかみぞやすたか》

2020年6月20日　発行
2020年7月5日　2刷

発行者　佐藤隆信

発行所　株式会社新潮社
〒162-8711　東京都新宿区矢来町71番地
編集部(03)3266-5430　読者係(03)3266-5111
https://www.shinchosha.co.jp

印刷所　錦明印刷株式会社

製本所　錦明印刷株式会社

ISBN978-4-10-610865-5　C0275